# 役職定年

野田稔
監修

河村佳朗
竹内三保子
著

マイナビ新書

# はじめに

役職定年を迎えられた方、まずはおめでとうございます。また、これから迎えようとしている方には、本当に良かったですねとお伝えしたいです。

こんな言葉を投げかけられることに、違和感を覚える方は少なくないかもしれません。それもそのはずで、これまで役職定年制度についてネガティブに伝える情報が圧倒的に多かったからです。しかし、本書は役職定年をポジティブに捉え、役職定年から先の人生、このかけがえのない時間をどう充実させていくのかを考え、実行していくためのポイントをお伝えすることを目的にしています。

本論の中で詳しく解説していますが、まず認識していただきたいのは、そもそも「定年」という制度は、日本企業固有のものと言ってもよいくらいに、いままでは特殊な制度であるということです。

諸外国では、定年制度は「年齢によるディスクリミネーション」、すなわち差別だということで禁止されています。定年制度が禁止されたからといって、年配の社員がいつまでも居座るようになって困るといった問題が起きているかといえば、そんなことはありません。

なぜかと言うと、もともと海外では人材の流動性が高いので、定年によらずとも能力が低い人は解雇されるのが当たり前の社会だからです。また常に自分の能力の市場価値を意識するという厳しい環境で働くうちに、自分の辞め時を判断できる人に成長しているのです。諸外国では、このような働き方がスタンダードなので、定年制度がないからといって人材の新陳代謝が落ちることはないのです。

恐らく日本も、ゆくゆくはそうなっていくのだろうと思います。ここで注意したいのは、それがどういう社会なのかを理解しておくことです。それは、自分の人生は自分で決めるという強い意志が必要な社会です。この点だけは忘れてはいけません。

役職定年がある人は、実は人生で3回の定年を迎えることになります。その1回目が役職定年で、役職がなくなり、立場が変わります。そして2回目が本定年とも言える60歳の定年退職で、いったんは会社を離れて、希望に応じ再雇用されることになります。最後の定年は再雇用契約が終了する65歳です（今後の政府の動きによっては70歳になるかもしれませんが）。

この中で一番ショックを受けるのは60歳の本定年でしょうが、ショックを感じるべきは、実は65歳の再雇用終了時点です。その理由は、そこから先は社会とのつながりが、本当になくなっていくからです。

少なくとも今の会社との関係は完全に切れます。また、65歳の見ず知らずの人間をわざわざ雇おうとする会社も、まずありません。それは他の会社での雇用もほぼなくなるということを意味しています。

これまで通りの毎日を続けていれば、本当に65歳でビジネスマンとしての人生は終わります。そうならないように意識を変えるチャンスなのが、2回の定年。つまり、役職定年と本定年なのです。

なかでも役職定年というのは理想的な予行練習になるはずです。というのは、役職定年になっても、今の会社から放逐されるわけでもないし、ほとんどの場合、職場も変わりません。違うのは、管理職を外れることと、それによって仕事の内容が変わるということだけです。

ですが、実際に管理職を外れると、やはりショックを受けますし、明らかに「自分はこれまでと違う世界に入るんだ」と覚悟を決められるはずです。いや、覚悟を決めねばならないのです。言い方を変えれば、本定年の前に痛みを経験しておくと、そこからいろいろ考えることもできるし、準備もできます。考えれば考えるほど、新しい可能性が目の前に広がっていくはずです。そんな可能性の出発点に立つわけですから、役職定年は本当はめでたいことなのです。

さらに言うと、役職定年の年齢が55歳だとすれば、そこから定年まで約5年間あります。これは大学に入学してから卒業するまでの期間よりも長く、勉強でも趣味でも副業でも、かなりのことができるはずです。再雇用を続けることによって、さらにプラス5年間、活動期間を延ばすこともできます。それだけの間取り組んでいれば、羽ばたけるレベルに到達することも夢ではありません。

このように65歳までの10年間、腹を決めて何かに取り組むことをお勧めするのが本書の目的です。本文では様々な提案や体験談の紹介などがありますが、いずれの話も根底に流れているのは、「パラレルキャリア（複数の経歴を並行して磨く）」という発想を持つことの重要性です。

そのためには、今まですべての人生を会社に捧げてきた人も、ちょっとした趣味の時間を楽しんできた人も、これからは副業や趣味を片手間ではなく、会社の仕事と並行してやっていくという強い気持ちが必要です。さらに言うと、新たに取り組むもの、本格的に取り組むものを、いずれは本業にするという思いを持って自分の人生を設計することが重要です。

人生設計は、大半の人にとって初めての経験ではないでしょうか。大学を卒業し、就職する時には自分の人生を1回は悩んでみたかもしれませんが、就職後、とくに大企業に入った方の多くは自分のキャリアは会社任せにしていたはずです。そもそも日本企業の多くは、自分でキャリアを築ける仕組みにはなっていません。最近、日本でも「キャリア志向」と簡単には言いますが、私は、そう簡単ではないと思っています。

自分の人生は自分で決めるという感覚になるためには、必ずや覚悟と勉強とそれに伴う時間が必要です。これを今からでもぜひやっていただきたいのです。そうすることによって、65歳からの人生が充実し、さらに先の人生が安心になるはずです。そんな人生を歩むために、本書を一読してくだされば幸せです。

野田稔

役職定年

目次

## 第1章　役職定年制度を理解する

# 第2章　役職定年後のマネー

## 第3章　役職定年後の会社生活

# 第4章　再雇用以外の様々な道

## 第5章　人生100年時代、役職定年に勧めるライフプラン

# 第1章

# 役職定年制度を理解する

## 「役職定年」という不思議な制度

「そろそろ自分も役職定年かぁ」
「役職定年って何？」
「そういえば、昔そんな制度があったと聞いたことがあるけど、詳しいことはよくわからない」

役職定年ほど、勤める会社によって反応が違う制度はないかもしれません。それは、そもそも役職定年制度を導入している企業とそうでない企業があるからです。導入している企業の社員ですら、詳しいことはよく知らないといったケースも珍しくありません。

役職定年は、文字通り役職の定年。これまでの役職を解かれる制度です。昨日まで部長だった人が、今日はただの人。給与も併せて下がります。新入社員から現在まで能力を磨き、成果を上げることで肩書きが上がり、それに応じて椅子やデスクも立派になっていきました。いいかえれば、昇進するために、これまでがんばってきたわけです。

それがすべて無になる。まるで「人生ゲーム」でスタート地点に戻されてしまったような気分になるのではないでしょうか。

このような制度ができたきっかけは、詳しくは後述しますが、55歳から60歳に定年が延長されたためです。

年功序列社会では、年長者ほど所得が高いものですが、その額は55歳で退職することを前提に決められていました。それが5年延長されたために計算が狂ってしまったわけです。

修正するためのもっとも簡単な方法は、年長者たちの給与を下げること。加えてポストも足りなくなるので、ポストを返してもらうことも必要です。そこで役職定年が急速に広がっていったわけです。労務行政研究所「人事労務諸制度実施調査（2013年）」によると、最盛期の1997年には47・9パーセントの企業が役職定年を導入していました。

確かに机上で計算すれば、それは理にかなった良い方法です。何よりもいいのは、それによって、みんなが5年さらに働けるようになることでしょう。

しかし、対象は生身の人間です。しかも社内年長者の割合が高く、早急に役職定年の導入が必要な企業はクラシカルな一流企業が多く、日本国内でもとくに年功序列を重んじ、年長者を立ててきた文化を持つ企業です。役職定年制度は、そうした企業文化を根本からひっくり返しかねません。

さらに、役職定年になった人のモチベーションは大きく下がります。先輩と後輩の上下関係が変われば職場はギクシャクするでしょう。その様子を見ている若い社員たちは、将来に夢が持てなくなります。

負の連鎖が始まれば、損失ははかりしれません。役職定年制度に危機感を抱いた企業は少なくありません。導入を踏みとどまった企業、あるいは導入したものの業績が向上したため、もしくは団塊の世代が退職して身軽になったため廃止した企業もあります。

## 半年前に役職定年を通達された

「うちの会社の役職定年は55歳。そのことは知っていましたが、遠い未来の話のような気がしていました。それを『自分事』として具体的に考えられるようになったのは、人事からまもなく役職定年だと告げられてからです」

こう話すのは、一昨年、役職定年になったTKさん（56歳）。

「役職定年になることを告げられたのはわずか半年前。人事部から、今後、一般社員として働き続けるのか、それとも早期退職の道を選ぶのかの選択を迫られました。いきなりそんなことを言われても……。もうパニックですよ」

もっとも、TKさんの会社の対応は異例の遅さです。一般に役職定年を告げられるのは3年から5年ほど前。最近は10年前から説明会や研修が始まる会社もあります。一方で、こういった対応が遅い会社も現実にはあるのです。

「給与が下がるなら、いっそ退職金をもらって転職をしようか？」

ＴＫさんは、当初はこう考えていたそうです。そこで、参考にするため転職経験を持つ友人・知人にヒヤリングをしました。その数は20名以上に及んだそうです。

ところでＴＫさんが勤める会社は、グループ会社の社員の出張手配を中心業務としたグループ会社の旅行専門会社でした。そこで、営業担当者として働いています。営業といっても、厳しいノルマもないし、同じグループということで顧客企業との付き合いはアットホームな雰囲気です。いざとなれば親会社が助けてくれる、という安心感もあったし、給与もそこそこよく、何より居心地が良かったので転職せずに、現在まで働き続けていたそうです。

「みんなと話をするうちに、ずっとグループ会社の営業という限られた顧客相手に営業をしていた自分に、一般の営業は難しいかもしれないと考えるようになりました。また、当初、給与は半分くらいに減ると思っていたのですが、冷静に計算したら3割減程度。一方で、早期退職金は、以前調べた額よりも下がっているような気がする。業績がいまいちだからかな？　もし、転職活動が長引いたら老後も心配。それなら、一般社員として働き続ける方がいいかなと考えるようになりました」

TKさんは、多様な体験談を聞く中で、何とか気持ちの折り合いをつけることに成功したといえるでしょう。

一方、そうした活動の中で孤独を感じたのは、大半の友人たちの会社には役職定年がなかったという事実です。実際、役職定年を導入している企業は、データにもよりますが、大企業でだいたい3割前後。人事制度がそもそも整っていない中小・中堅企業では、ほとんど導入されていません。「役職定年って、どんな制度？」と、逆に質問される場面も多かったといいます。

考えてみれば、TKさん自身も、半年前までは役職定年についてピンときていませんでした。仮に1年前、いや3年前、5年前に役職定年について知っていたらどうだったでしょう。

実はＴＫさんは、スポーツから伝統文化まで多様な趣味の持ち主です。あるジャンルでは指導者の資格も持ち、地方にネットワークも広がっています。定年後は趣味で多少なりとも収入を得られる目途も立ってきました。

「趣味があるから定年後はますます楽しい」、このような切り口で、何度か雑誌のインタビューを受けたこともあります。定年後に対しては、生きがいづくり、副収入づくりの備えをしていたのに、目の前の役職定年にはまったく備えていなかったのです。

役職定年についても、定年と同様に当たり前にやってくる未来と捉えていれば、ＴＫさんは、転職するなり、貯蓄するなり、なにがしかの対策を周到に打っていたはずです。それができなかったのは、とりもなおさず、役職定年にピンとこないからでしょう。

それは、ＴＫさんに限ったことではありません。その理由の一つは、社会人になったばかりの頃には、役職定年制度がなかったという人が少なくないからです。

そこで、改めて「役職定年とは何か？」から見ていきましょう。

## 役職定年と定年制

「役職定年」とは、管理職という役職に対する定年制度であり、「課長の職務を担当するのは55歳まで」といった具合に役職を担当できる上限を定めたもので、単なる人事制度の一つです。

一方、「定年制」は一定の年齢に達したら雇用契約を終了させる制度で、法律の規制を受けています。定年の最低年齢は法律で決められており、定年の年齢を企業が好き勝手に決めることはできません。

ちなみに定年が一般的になったのは第一次大戦の頃。最初に導入したのは「日本郵船」だったといわれており、当初は〝停年〟と記されていたそうです。

かつて、定年の最低年齢は55歳でしたが、１９９８年から60歳に引き上げられました。60歳未満を定年の年齢に設定することは法律で禁止されたのです。これを受けて大半の企業は定年を60歳に定めています。

「えっ？　定年は65歳ではなかったっけ？」

こんな疑問を持つ人もいるかもしれません。確かに２０１３年に法律が改正され、２０２５年までに、企業は従業員の雇用を65歳まで確保しなければいけないと決まりました。ただし、雇用確保の方法は三択です。

一つ目は、定年の年齢を65歳まで引き上げること。二つ目が、そもそも定年制自体を廃止すること。そして三つ目が継続雇用制度です。従業員が働き続けることを希望すれば、雇用し続けます。雇用のスタイルは「雇用の延長」と「再雇用」から選べます。

大半の企業は、「再雇用による継続雇用制度」を導入しています。60歳でいったん退職し、それから65歳までは再雇用という形で雇用を確保するのです。いったん退職したわけですし、再雇用後は正社員ではなく、非正規雇用者になるので所得も落ちます。

つまり、役職定年制度を持つ企業で働く会社員の典型は、「はじめに」でも触れたように、55歳で役職定年、60歳で定年退職、65歳まで再雇用といった制度を体験することになるわけです。

## 役職定年とは、どんな仕組みか

定年制度と違って、役職定年に関する法律はありません。役職定年の年齢をいくつにするのかは、各社が自由に決められます。55歳がもっとも多いようですが、中には50歳のところもあります。また、59歳のところや定年後の60歳のところもあり、企業によってまちまちです。それでは、役職定年になると、具体的にどんな不都合が生じるのでしょうか。

一つ目は、「所得の大幅なダウン」です。給与は基本給と各種手当から成っています。手当の中でも大きいのが役職手当でしょう。企業によっては、5割以上を占めているケースもあります。役職を外れれば、それだけの手当を一挙に失うことになります。まだまだ子供の教育費がかかる人、住宅ローンが残っている人などにとっては、とくに所得減は深刻な問題です。

二つ目は、「モチベーションのダウン」。役職定年を迎えると、役割は、責任が軽い専門職、責任が軽いライン職などに変わります。また、仕事はこれまでよりも、責任が軽くなるので、人によっては、やりがいが減少したと感じます。

また、かつての部下が自分の上司になるといった逆転現象により、「管理職を外れたとはいえ、かつての上司に仕事を頼みにくい」といった職場の空気が生まれます。そこにストレスを感じる人もいるでしょう。結果、仕事に対するモチベーションが低下していくわけです。

「ニッセイ基礎研究所との共同調査で、モチベーション低下による経済損失は1・5兆円という結果が出ています」と話すのは、定年後研究所所長の得丸英司さん。

給与が下がって、仕事の面白みも下がって、モチベーションも下がる……。役職定年を迎えれば、まだまだ働き盛りの50代でこんな状況に陥るわけです。ある意味、定年よりも深刻です。

本来は早めに対策を打つべきですが、定年と違って、役職定年についての情報交換や情報収集はなかなか困難です。前述したように、役職定年を導入していない企業が半数以上である上に、導入している場合も役職定年の年齢はバラバラだからです。同窓会をはじめ、せっかく同年代に会うチャンスがあっても、定年と違って勤務先によって環境がまったく違うので、そもそも共通の話題にならないのです。

前提条件が違いすぎるので、雑誌やテレビで特集を組むのも難しそうです。だから、有意義な情報もなかなか見つかりません。

結局、話し合えるのは同じ会社の同期や先輩が中心になるので、単なる内輪話に終始し、飛躍的な発想が出にくくなるわけです。

## 定年延長とトレードオフ

役職定年の制度が企業ごとにばらつきがある原因の一つは、制度の歴史の浅さにあるのかもしれません。

役職定年が導入されるようになったのは、1980年代から1990年代。最大のきっかけは、定年延長です。それまでの「高年齢者等の雇用の安定等に関する法律」で禁じていたのは55歳未満での定年の設定でした。その法律に沿って、大半の企業は定年を55歳にしていました。当時は55歳から年金が支給されたのです。

１９８６年、定年の最低年齢を60歳に引き上げることが努力義務化されました。そして１９９４年には法律で規制する義務化にすることが決定し、１９９８年に施行されました。

日本企業は、これまで右肩上がりの経済成長と55歳定年を前提に、年功序列・終身雇用といった日本型のサラリーマンのワーキングスタイルを作り上げてきました。それが60歳に延長されれば、根底からスタイルの設計の見直しが必要になります。

また、悪いことに、日本型経営のもう一つの前提だった右肩上がりの経済成長もとっくに終わり、日本経済は成熟期に突入していました。かつてのような二けた台の成長はなくなりました。

これまで通りの制度を残したまま単純に定年を60歳に引き上げたらどうなるでしょうか。まずは、人件費が膨れ上がるでしょう。社内でもっとも高給取りの55歳の人たちが、そのまま、もしくは年功序列でさらに給与がアップしていく可能性もあるからです。

また、全員がこれまでより5年余分に働けば、どのポストも空くのが5年先になり、ポスト不足が生じます。部下の立場で考えれば、課長になるのが、あるいは係長になれるのが、これまでよりも5年間も伸びることになります。その間、給料も頭打ちとなれば、機会損失ははかりしれません。モチベーションが大幅に下がってもおかしくはありません。

そして、この時期は、大量の人口を擁する団塊の世代、いざなぎ景気の大量採用世代が本来なら定年退職する時期。それが法改正によって雇用期間が5年間延びることになったので、人件費は一層、膨れ上がることになりました。

定年を延長すれば、このような様々な問題が生じてくるわけです。そこで、従来の定年の年齢だった55歳以降の賃金を大幅にカットしたり、ポスト不足を解消したりするために役職定年制度が広がっていったわけです。

新しい法律が施行されてから8年後の2007年に実施された人事院の勤務条

件制度等調査では、役職定年制があると答えた企業は23・8％。500人以上の企業に限っていえば36・6％に達しています。

こうしてみると、役職定年は、定年延長を守るための苦肉の策だったといえるでしょう。

## 終身雇用は終わった

55歳から60歳への雇用延長に対して、企業は「役職定年」という制度を編み出し、何とか折り合いをつけました。しかし、安心している余裕はありません。2025年までには従業員が望めば全ての従業員の雇用を65歳まで延長しなければなりません。さらに、成長戦略の方向性を取りまとめる2018年末の未来投資会議では、70歳までの就業機会確保の義務化について検討していくことが決まりました。その時、企業は雇用を維持していくために、どんな策で対応するのでしょうか。

　ところで、役職定年という制度も、定年や雇用延長について法律で定めているのも、終身雇用を前提としているといえるでしょう。しかし、よく考えてみれば、すべての前提である終身雇用という制度自体が、すでに崩壊しています。

　たとえば１９６０年代の男性の平均寿命は65歳。55歳で定年退職した後の人生は10年しかありません。こうした時代には、確かに55歳まで雇用することを終身雇用と呼んでもおかしくないでしょう。

　それに対して、現在の平均寿命は男女ともに80歳を超え、今なお伸び続けています。「人生１００年時代」と言われるように、みなさん１００歳まで生きる気満々です。

　仮に85歳まで生きれば、65歳で会社を辞めると、残りの人生は20年。１００歳まで生きれば35年もあります。年金の受取額は下がっていくし、支給開始年齢は引き上げられる一方です。

だからといって、寿命の延びに合わせて企業に雇用延長を求めるには限界があるでしょう。グローバル競争の激化、ＡＩをはじめとした情報化の激しい進展など、企業が生き残るための課題は山積です。常に自社の強みや弱みをチェックし、足手まといになりそうな事業、中核業務との相乗効果が期待できない事業などは従業員をつけたまま売却することも当たり前になりました。こんな時代に、余分な人材を抱える余裕はないというのが企業の本音でしょう。仮に企業にさらなる雇用延長を求めれば、賃金は驚くほど安いものになるはずです。

一方、役職定年の対象者は、まだまだ元気です。定年延長や再雇用制度を利用して少しでも長く働くことを期待する前に、まずは私たちの雇用を保障するための終身雇用という前提が破たんしたことを意識しましょう。

終身雇用の破たんを前提に役職定年を考えてみると、発想が変わり役職定年を迎える前に考えておくべきこと、やっておくべきことなどがわかってくるはずです。

## 導入企業は大企業が中心。中堅企業にも広がる気配？

「役職定年」は、ある意味、大企業中心の問題だといえるでしょう。役職定年制度があるということは、言いかえれば人材が豊富に揃っていることを意味しているからです。

たとえば、今年A部長が役職定年になったとしましょう。大企業なら、その後を引き継ぐB部長がいるので、滞りなく業務は進みます。それに対して中小企業はどうでしょうか。多くの場合、A部長に変わるB部長すらいません。役職定年制度をつくったとしても、例外的にAさんに引き続き部長をお願いすることになるでしょう。

仮にB部長にあたる人材が社内にいたら、役職定年制度は機能するでしょうか。やはり答えはノーです。そのためには、もう一つの問題をクリアしておく必要があります。それは、人材の育成です。A部長、B部長、C部長……。次の人材を計画的に育て、常に次の人材がいるという環境があって、はじめて制度として成り立つのです。

そう考えると、今、必要な人材にも事欠くような中小企業が20年後、30年後に備えた人材計画を立てることは現実的には難しいでしょう。実際は、役職定年どころか、定年制度もあってないようなところが少なくありません。

中小企業では、次の人材がいなければ、定年後も変わらず役職を続けることが当たり前。それどころか、大企業を定年退職したような人材を積極的に採用しています。

実際、2007年の民間企業の勤務条件制度等の調査によれば、役職定年制を導入している企業は、企業規模500人以上で36・6%なのに対して、100～499人で25・5%、50～99人で17・1%といった具合に、企業規模が大きくなるにつれて導入比率が増えています。

「うちの顧客は中小企業が中心ですが、役職定年制度の導入についての相談は目

## 役職定年制導入企業の割合

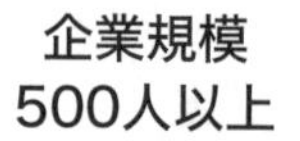


企業規模
100〜499人

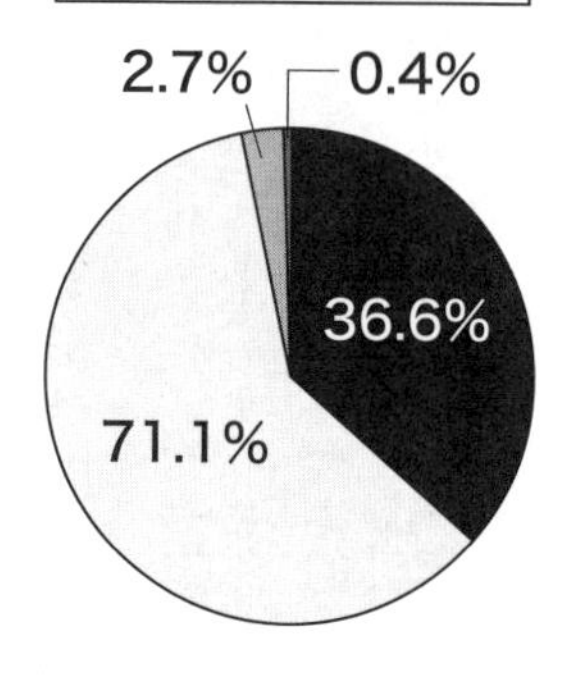


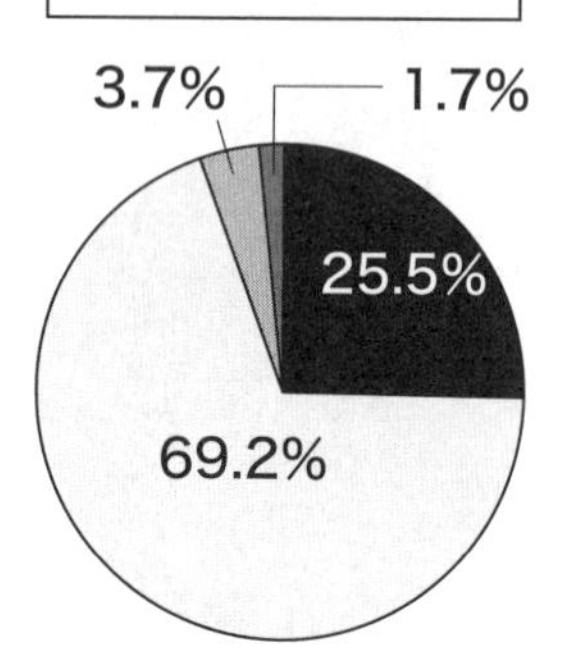


■役職定年制がある
□役職定年制がない
■検討中
■不明

出典：民間企業における役職定年制、役職任期制の実態 - 人事院

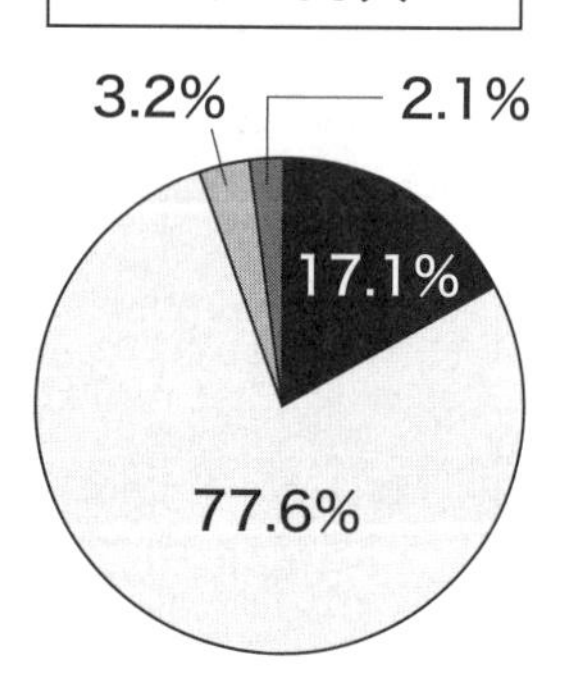

立って増えているという感じはしません。それよりも、現在、急激に増えているのは人事制度や賃金体系の改善。働き方改革、あるいは人手不足という風潮の中で、賃金をテコ入れしないと人が集まらないと考えているんですね」

と話すのは、賃金・人事・評価制度、人材マネジメントを専門とするプライムコンサルタント代表の菊谷寛之さん。

まずは若い人を採用するための環境づくりが第一というわけです。もっとも、中小企業には中高年が活躍できる場はたくさんあるし、それでも人材が足りない状態なので、そもそも中高年の雇用対策を考える必要はないのかもしれません。

## 定年がなかった？　公務員の雇用システム

公務員の間でも、定年の引き上げと併せて、役職定年に関する議論が始まりました。職員の高齢化によって技能やノウハウの継承が進まなかったり、一定の年齢ばかりが多いといった年齢のアンバランスの問題を抱えているのは民間企業と同様だからです。国家公務員に関していえば、40代、50代の職員数は、20代、30代の職員数のおよそ2倍だといいます。

ところで、公務員の数はどのくらいなのでしょうか。国家公務員の数はおよそ58万人。余談ですが、そのうち半数近くは自衛隊員で占められているそうです。改めてみると結構な大人数で、いつも人材募集をしているのも頷けます。

一方、地方公務員は約274万人。日本の雇用者の総数が6000万人程度なので、およそ5％が公務員という計算になります。

「これまで、役職定年に関する議論が起こってこなかったのは、昭和60（1985）年まで公務員には一部の官職を除いて定年制度がなかったという背景があります」と話すのは、人事院給与局生涯設計課、生涯設計企画官の奈良間貴洋さん。

制度上は働きたければ、いつまでも働いていいことになっていました。もっとも当時は、大半の人は60歳頃までに辞めていったそうです。

「ある程度の年齢になれば、後進に道を譲るという考え方が主流だったのではないでしょうか」（奈良間さん）

民間企業が役職定年を導入した大きなきっかけは、定年の年齢が55歳から60歳に引き上げられたこと。実は、この時はじめて公務員にも定年制度が導入されることになりました。そもそも55歳定年制がなかった公務員にはまだまだ役職定年の必然性はなかったわけです。

今回、公務員の定年の引き上げが議題に上ったきっかけは、年金支給開始年齢の引き上げのほか労働力人口の減少に対応するための、高齢者職員の本格的な活用があります。

そこで定年を65歳まで引き上げることが検討されていますが、そうすると若手や中堅職員の昇進が遅れ、組織の新陳代謝が低下してしまいます。ここにきて、公務員にも定年が55歳から60歳に引き上げられた、かつての民間企業と同様の問題が起こりました。そこで、役職定年の導入の議論が始まったわけです。

## 導入までのステップと自衛隊など加齢困難職種の扱い

公務員の定年を引き上げたり、役職定年を導入したりすることは、そう簡単ではありません。すべて法律で決まっているので、変更するためには法律を改正する必要があるからです。そのためには、まず、人事院が各方面の意見を吸い上げ、その上で制度を検討して、国会と内閣に意見の申し出をします。それを受けて法改正がされてはじめて定年の引き上げや役職定年制の導入が実現します。

もっとも公務員といっても様々な業務があります。それを一括して変えようとするのですから念入りの準備が必要です。参考にするための民間企業の役職定年に関する調査に手をつけたのは10年も前のことです。３００万人以上が関係する大改革。また、民間企業ではまだ60歳定年が一般的です。慎重になるのは当然です。

現在は一般職の国家公務員について議論をしていますが、自衛隊など特別職と言われる人たちの扱いをどうするかは、まだ決まっていません。自衛官は組織を常に精強な状態に維持する必要があります。そこで、階級ごとに職務に必要な知識、経験、体力などを考慮した上で定年が決められています。

たとえば2曹は53歳、2佐は55歳といった具合に、自衛官は階級によっては、例外的に60歳未満の定年が認められているのです。しかし、自衛官だけ定年延長しないというわけにはいかないでしょう。

また、地方公務員については、所管は総務省ですが、地方公務員法では、定年の年齢は各自治体の条例で決めるとあります。結局、どうやって決めるのかも含めて、政府で検討しているという状況です。

## モチベーションを下げないための工夫

一般職の国家公務員については、定年を65歳に引き上げ、その代わりに60歳で役職定年になるという案で進んでいます。役職定年の対象者は局長や課長などの管理監督職員になるそうです。役職については、その後の仕事によって2階級程度落ちる人、スタッフ職に異動する人などがいます。給与については前職の7割程度になるように調整する予定です。

「これから考えなければいけないのはモチベーションをどう保つか。また、どうすれば役職定年後も持っている力を発揮してもらえるかです」（奈良間さん）

年金支給開始年齢が徐々に引き上げられるのに伴って、公務員の間でも雇用と年金を接続するための制度が実施されています。たとえば62歳から支給される人は、62歳まで「再任用職員」、民間でいう再雇用社員として働けるという仕組みです。ところが、7割の人の仕事の内容は補完的で、ランクは1級から10級まである棒級表の2級から3級程度。明らかに現役時代よりもレベルが低い仕事です。これではモチベーションが上がるはずはありません。

また、働く時間にしても、民間企業については再雇用の人の9割以上がフルタイムで働いているのに対して、国家公務員の定年後の再任用職員は約8割が週4日以下の短時間勤務です。せっかくの人材を生かしきれていないわけです。

労働力人口が減少していく中、高齢者の労働力は貴重です。どうすればモチベーションが上がるのか、どうすればフルタイムで働く人が増えるのかなどについても、あわせて検討中です。

役職定年の職員も含めシニアを本格的に活用しようとする人事院の試みは、一つのモデルとして民間企業にプラスの影響を与えてくれると期待できそうです。ただ、そのためには、導入のスピードをもう少し速めてほしいものです。

## 次のターゲットはバブル世代と団塊ジュニア？

役職定年が導入された直接のきっかけは、定年の引き上げですが、その広がりに拍車をかけたのが「団塊の世代」と「いざなぎ景気」です。

団塊の世代とは、いうまでもなくベビーブームの１９４７〜１９４９年に生まれた人たちのことです。ベビーブームが起こったのは、１９４５年に第二次世界大戦が終わり、平和が訪れ、落ち着いて子育てできる環境が整ったことに加えて、徴兵された夫たちが外地から戻ってきたからです。それは日本に限ったことではありません。多少のずれはありますが、この頃、世界中でベビーブームが巻き起こっています。

１９４７年、１９４８年に生まれた人はそれぞれ約２６８万人、１９４９年が約２７０万人と、この３年間でおよそ８０６万人が生まれました。翌年の１９５０年は２３４万人、１９５５年は１７３万人。団塊の世代の出生数は突出しています。ちなみに、出生数は２００５年には１１０万人を割り込み、現在は何とか１００万人前後をキープしているという状態です。

団塊の世代が高校、大学を卒業したのは、いざなぎ景気の真っ最中。それは１９６５年から57カ月にわたって名目で10％以上の経済成長が続いた好景気です。

## 出生数及び合計特殊出生率の年次推移

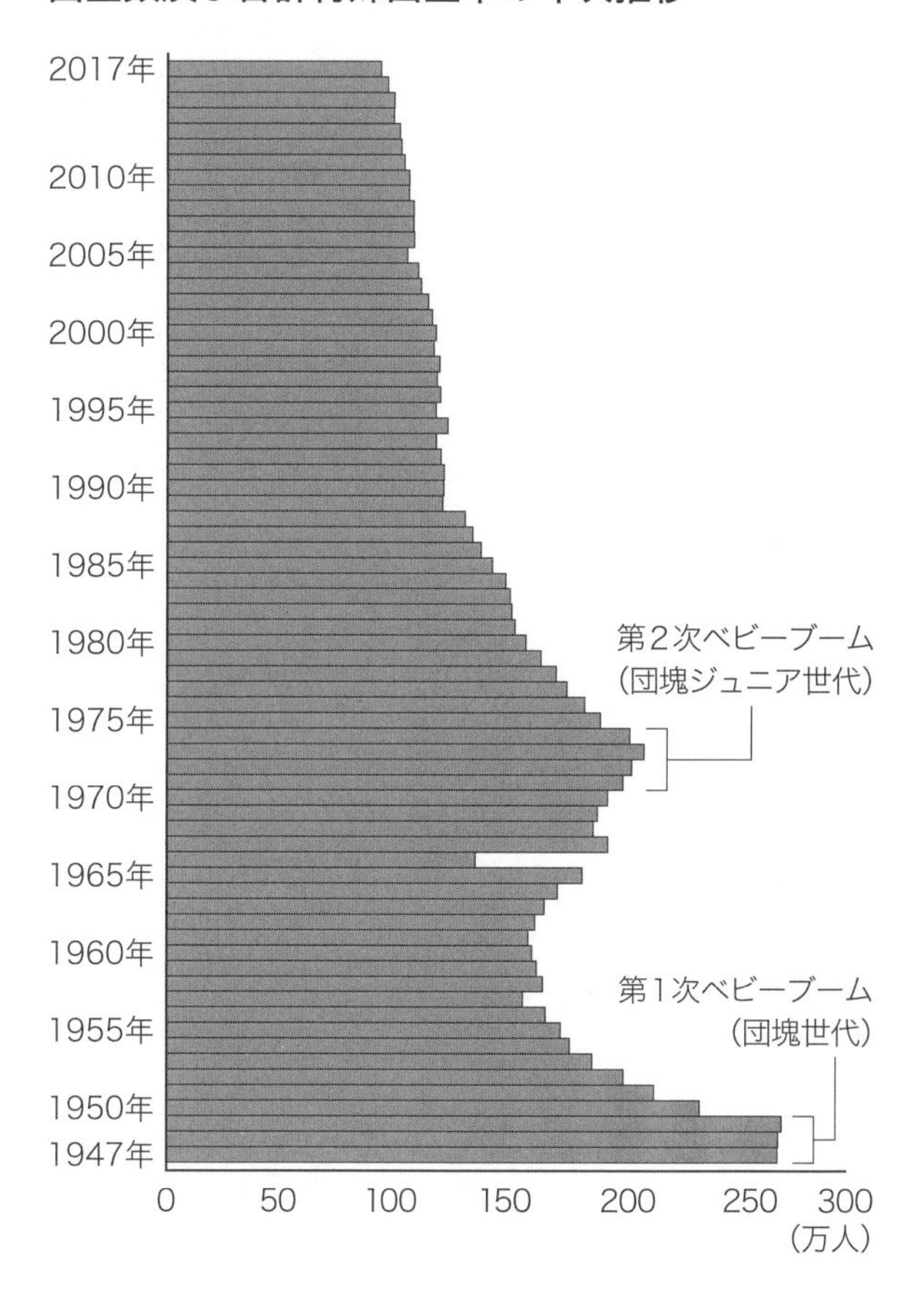


出典：厚生労働省「人口動態統計」

企業の採用意欲は旺盛で、団塊の世代を大量に採用しました。

しかし、その後、再び高度成長が起こることはありませんでした。当然、大量採用もなく、結果として、どの会社でも団塊の世代の人数が突出することになりました。定年延長が努力義務になった1986年に、彼らは37歳から39歳、法律が改正された1994年には45歳から47歳。まさに団塊の世代が管理職世代に突入していった時期と一致していました。

つい最近まで、とくに大企業では、まじめに勤めていれば、年功序列で管理職になれるのは当たり前でした。もっとも団塊の世代は人数が多いので、既存のポスト数では足りません。苦肉の策で部下なし課長、課長待遇など、様々なポストがつくられました。

団塊の世代に対しては何とか対処できましたが、団塊の世代がつかえているため、今度は、次の世代がなかなか管理職になれないといった問題が出てきました。55歳から60歳への定年延長は、こんなタイミングで出てきたわけです。

定年が延長されれば、下の世代にポストを与える時期がさらに5年も延びることになります。下が育つ機会が失われてしまうし、人件費の負担も重くのしかかります。そうした悩みを抱える企業が当時、役職定年制度に飛びついたわけです。

その後、景気の回復等もあり、役職定年を廃止する企業も出てきました。しかし、最近、役職定年制度に注目する企業は再び増えています。その原因の一つは、団塊ジュニアとバブル期の大量採用世代役職者の世代に入ったことです。

団塊ジュニアは、1971年から1974年の4年間に生まれた人たちです。1971年は200万人、1972年は204万人、1973年は209万人、1974年は203万人と、4年連続で出生数が200万人を超えました。

一方、1986年12月から連続51カ月にわたって景気が拡大していく平成バブルが始まり、久しぶりに世の中は活気づきました。どの企業も成長しているので、人手が足りず、激しい採用合戦が繰り広げられました。

このバブル入社組と、その後の不況に何とか会社に潜り込んだ団塊ジュニアが、かつての団塊の世代のような大きな塊になっています。バブル入社組はすでに50代、団塊ジュニアは40代と、やはり管理職世代になっています。しかも、昨今、雇用延長を現在の65歳から70歳に引き上げるべきだ、といった議論も出ています。まるで、1990年代の役職定年導入期の再現ビデオを見ているようです。

いずれにしても、今や企業は大量の管理職を抱える余裕はありません。役職定年を導入する企業は、再び増加に転じました。

## 人生100年時代の役職定年の捉え方

現在は、人生100年時代と言われるようになりました。聖路加国際病院名誉院長だった故・日野原重明さんのように100歳を過ぎても働く人も出てきました。新しい人生戦略を提示したリンダ・グラットン著の書籍『LIFE SHIFT（ライフシフト）』は大ベストセラーになりました。

人生わずか50年から2倍の100年。仮に55歳で役職定年になれば、人生はあと45年も残っています。それは幼稚園から現在まで過ごした時間に匹敵します。

この間、16年間学校に通い、社会に出たら社会人としての勉強をイチから始めました。専門知識を身につけるため、並行して専門学校等に通った人もいたでしょう。それだけ勉強しても、55歳になれば、かなりの知識が古びています。また、ITのように、若い人に追い付けない知識もいくつか出てきたことでしょう。

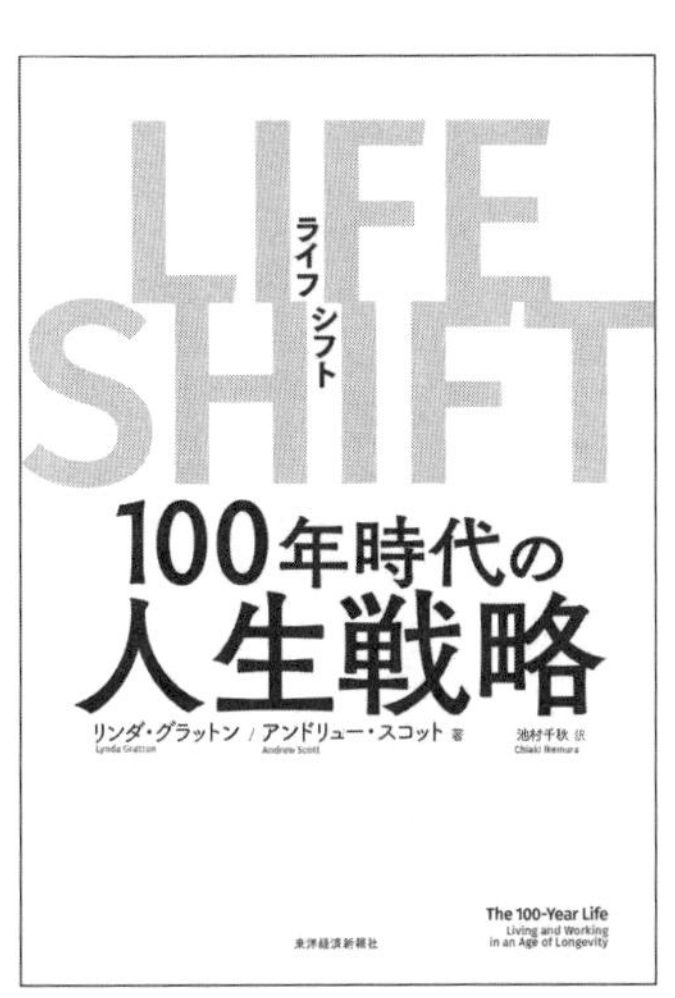


『LIFE SHIFT（ライフ・シフト）』
リンダ・グラットン／アンドリュー・スコット（著）／池村千秋（訳）／東洋経済新報社

これまでに蓄えた知識だけで、この先20年、あるいは30年も仕事をするのは難しいと、多くの人が思っていることでしょう。そう考えると、人生100年時代のちょうど真ん中あたりでやってくる役職定年は、これからの40年を考えるいい機会になるはずです。

役職を外れれば、部下がいなくなるので、極端なことを言えば人の面倒を見る必要はなくなります。自分のことだけ考えながら、現場の仕事に専念できます。改めて、現場の仕事をして、同僚の仕事ぶりと比べることで、自分に足りない能力がわかるかもしれません。

また、役職定年を迎えて役職を離れれば、責任も軽くなり、一般的には余暇が増えるので、勉強時間も確保しやすくなるはずです。役職定年になると所得が減るというデメリットもありますが、次の40年のための勉強の期間と考えれば、勉強しながら給料がもらえるのですから、決して悪い話ではないはずです。

しかし、役職定年に対して、「給与が下がった」「昔の部下の下で働くのは面白くない」などネガティブな面ばかり見ていると、せっかくの勉強のチャンスも逃してしまいます。仮に、得意な現場仕事の担当になっても、苦手な仕事、つまらない仕事の担当になっても、まずは新入社員のようなピュアな気持ちで取り組んでみることが大切です。必ず、新たな発見があるはずです。

## 密かに行われる役職定年潰し

終身雇用・年功序列を前提に社員を雇用し、育ててきた老舗企業にとっては、役職定年の制度がなぜ必要なのか、誰でも頭の中ではわかっています。現在、40代、50代の人たちは、20代、30代の頃に、団塊の世代をはじめとする先輩たちが役職定年で一般社員になった姿を見てきたことでしょう。

その姿を惨めだと感じる人もいます。たとえば、総合出版社のA社に勤めていたKHさん（50歳）は、30代の時、自分の上司が役職定年になって寂しそうに働いている姿を見て、役職定年がない専門出版社のB社に転職しました。

「先輩のようになりたくなかったし、先輩のような人を見たくもなかった。転職先で窓際になってブツブツ言う人もいますが、役職定年ほど惨めじゃない。今はこころ平穏に働いていています」

ＫＨさんは、役職定年から逃れるために転職の道を選びましたが、会社によっては子会社と結託して、有名無実化させてしまうケースもあります。

「相当数の人が、役職定年寸前に子会社に、課長や部長として呼んでもらっていますね。子会社とはいえ、肩書もあるし、役職手当もつく。だから子会社に行った人間との人脈づくりにみな必死。俺たち子会社の人間には迷惑な話です」

と話すのは物流会社のＨＨさん（53歳）。

一方、メーカーでは、こんな例もあります。大手メーカーの人事部で働くＨＫさん（51歳）からうかがった例ですが、

「『この仕事はAさんにしかできないよね』『このプロジェクトに参加するなら肩書がないとやりにくいよね』……と、何だかんだと理由をつけて肩書を外さない。その結果、社内は２０００人近い課長であふれている。異常事態ですよ」

こうした行動が増えれば、会社の収益を圧迫し、また、若手社員の活力が失われていくことになります。

## 役職定年はまもなく無くなる？

役職定年の前提の一つは「年功序列」です。成果が上がらなかった場合の降格制度がないため、わざわざ役職に定年を設けるわけです。もし、成果主義の会社であれば、成果を上げた人は処遇が上がり、成果を上げられなかった人は処遇が下がります。成果に応じた所得を得ているので、ポスト不足も、人件費の圧迫もないはずです。

日本の大企業で先頭を切って成果主義を導入したのは富士通。1993年のことです。「後に続け」とばかりに、老舗企業が続々と成果主義に舵を切りました。

もちろん、年功序列から成果主義への切り替えはそう簡単ではありません。行き過ぎた成果主義に陥ったり、年功序列に戻ったり、大量の退職者を出してしまったり、痛みを抱え、紆余曲折しながらも、徐々に広がっています。目標管理制度、コンピテンシー、３６０度評価など、様々な評価方法も当たり前のものになりました。

今後、降格を伴う成果主義が浸透していけば、必要以上に役職が与えられることはなくなるので、役職定年は不要になるはずです。

一方、出生率の低下による人手不足は年々深刻になる一方です。専業主婦、高齢者、外国人をはじめ、新たな労働力をどう確保するのかは重要な問題です。当然、役職定年者を閑職に追いやる余裕はなくなっていくでしょう。

まもなく、中高年齢層が貴重な戦力として求められる時代がやってきます。それまでに、何をすれば良いのでしょうか。次章以下では、具体的な準備について述べていきます。

# 第2章 役職定年後のマネー

## 50代の平均の住宅ローン残高は1000万円

役職定年前と役職定年後の大きな違いとして、年収の大幅ダウンがまず気になるでしょう。役職定年については様々な調査結果がありますが、明治安田生活福祉研究所・ダイヤ高齢社会研究財団の共同プロジェクトとして実施された「50代・60代の働き方に関する意識と実態」調査では、有職者60代前半1000人のうち、約4割が役職定年を経験していました。

いったいどのくらい年収が下がるのでしょうか。

もっとも多かったのは、年収が役職定年前の給与水準の50～75%未満と答えた人で、32・6%です。一方、年収が75～100%未満の人は21・7%、5割未満に下がったと答えた人は38・8%に達しています。

このことから、役職定年と一口にいっても、会社によって下がり方にはずいぶんと差があることがわかります。

## 男性有識者の役職定年後の年収
(役職定年前を100%とした場合)

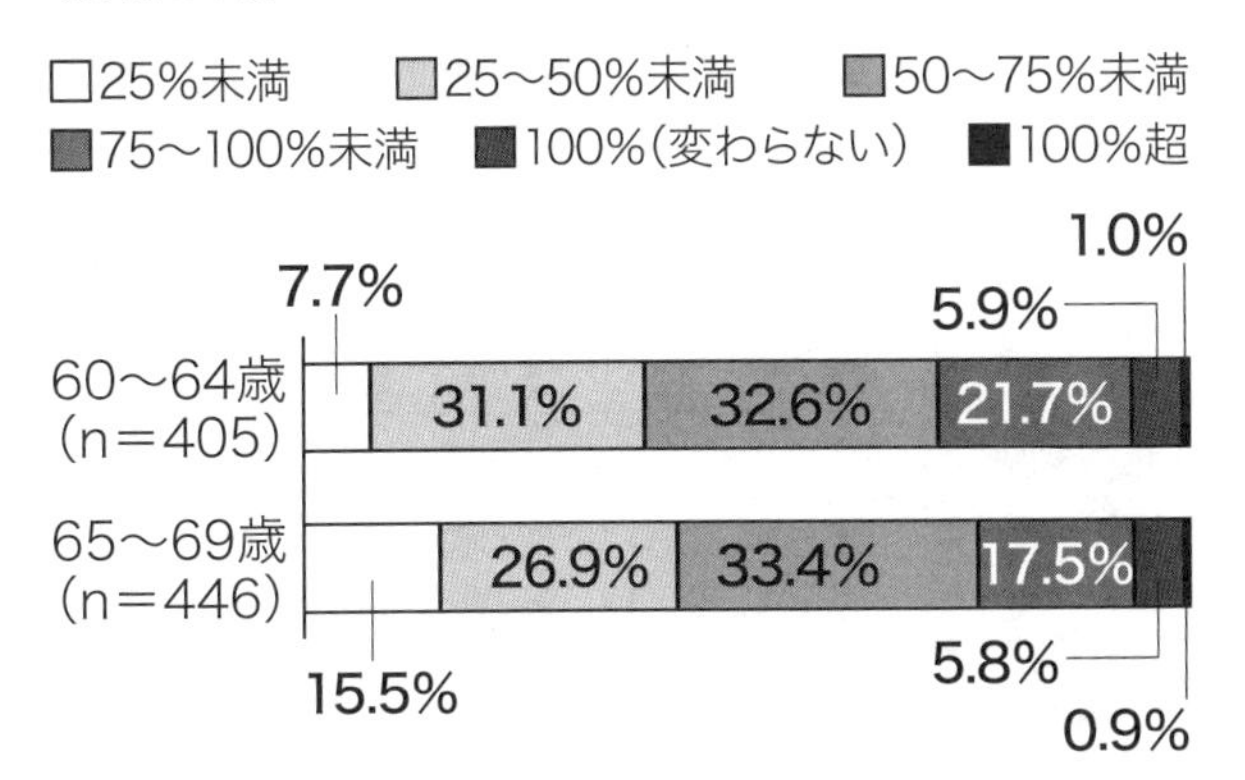


出典:明治安田生活福祉研究所・ダイヤ高齢社会研究財団
「50代・60代の働き方に関する意識と実態」

年収が下がれば、その分、生活水準を落とさなくてはなりませんが、中には落とせない項目もあります。その典型の一つは借金の返済でしょう。

金融広報中央委員会の「家計の金融行動に関する世論調査」によれば、50代で借金がある世帯は、2007年から本書執筆時点まで5割前後で推移しています。それでは、どのくらいの借金を抱えているのでしょうか。

2017年の数字で見ると、世

## 借入金のある世帯の割合と借入残高（2017年）

| | | 借入金のある世帯の割合 | 借入金のある世帯の借入金残高(万円) | 住宅ローン残高(万円) |
|---|---|---|---|---|
| 全体 | | 40.1% | 1340 | 1287 |
| 世帯主の年齢別 | 20歳代 | 40.0% | 1209 | 1418 |
| | 30歳代 | 57.4% | 1745 | 1856 |
| | 40歳代 | 63.4% | 1651 | 1584 |
| | 50歳代 | 53.6% | 1129 | 1057 |
| | 60歳代 | 27.3% | 1017 | 714 |
| | 70歳以上 | 13.8% | 700 | 532 |

出典：金融広報中央委員会「家計の金融行動に関する調査書」
［二人以上世帯調査］（2017年）

帯主が50代で借金を抱えている割合は53・6％で、借入額の平均は１１２９万円。そのうち１０５７万円は「住宅ローン」でした。２００７年の数字では、借入金の平均は１３１８万円、そのうちローンは１０８８万円でした。低金利のせいでしょうか、若干ですが10年前よりは、現在の方が借入金は少なくなっていました。

いずれにしても、住宅ローンを抱えている人は、役職定年で所得が減った場合にローンを支払えるかどうか、早めのチェックが大切です。仮に支払いが滞るようだったら、売却する必要があるかもしれません。

また、「リバースモーゲージ」を利用することも検討すべきかもしれません。これは、自宅を担保にローンの残高分のお金を借り、死亡時に一括返済するという方法で、金融機関によっては55歳から利用できるところもあります。毎月、ローンを支払う必要がなくなるので、生活は楽になります。早めに備えれば、打つ手も増えます。

ところで、現在は80歳まで住宅ローンを組める時代。晩婚化も手伝って、住宅を購入する時期は遅くなっています。実際、同様の表で60歳代なら、借入金のある世帯は27・3％ですが、ローン残高は714万円に達しています。70歳以上なら、それぞれ13・8％と532万円です。

40代はもちろん、50代からでもローンを組むことは十分可能ですが、これからローンを組む人は、自分の会社に役職定年があるのかないのか、今後、導入されそうなのか、そうなれば、どのくらい所得が下がるのか、などを十分に検討した上で、どのくらいのローンを組むかを決めるべきです。

また、子供が遅く生まれて、できれば私立に入学させたいという場合は、まずは自身の所得がどう変動するのか、また学費はどのくらいかかるのかをよく検討してから、具体的に狙う学校を決めたいものです。

## 残業代復活の可能性も？　会社の賃金の仕組みを知っておこう

もっとも気になるのは、あなた自身の所得がどのくらい下がるのかでしょう。それを知るためには、まずは自分の会社の賃金体系を知る必要があります。

「家族手当や住宅手当など、賃金には様々な手当がありますが、役職定年で関係するのは基本給と役職手当の二つ。そして大本の議論で重要なのは、基本給がどうなっているのかです」と話すのは、プライムコンサルタントの菊谷寛之さん。

基本給と一口にいっても、実は様々な形態があります。かつては年齢給もありましたが、現在は能力級が主流です。年齢や能力は、役職とは関係ないので、役職定年になっても、基本給の部分は支給されます。

「注意すべきは、役割給や職務給。外資系の会社では珍しくありませんが、最近は日本の大企業でも取り入れるところが出てきました」

それは、仕事の内容や役職など、仕事基準で支給額が決まるという仕組みの基本給です。仕事や役職が変われば、それに連動して基本給も変わります。もし、自分の会社が役割給や職務給を採用していれば、役職定年になると大幅に所得が下がる可能性があるわけです。

一方、役職手当にしても、それをゼロにする会社もあれば、役職はなくなっても、役職待遇というカタチで手当の一部を残しているところもあります。

まずは、給与規定を知ることからです。基本中の基本は給与明細の項目を知ること。しかし、それだけでは給与がどうなっているのかわかりません。

給与規定を従業員に開示するのは企業の義務なので、多くの場合、就業規則に記述があります。時には社内向けのウェブページのどこかに置かれていたり、製本されて従業員が閲覧できる状態になっているケースもあります。

もし、途中で人事制度などの変更があれば、説明資料が配布されているはずなので、それを引っ張り出して目を通しておきましょう。どうしてもわからなければ、やりにくいかもしれませんが、人事部に聞いてみるのがいいでしょう。

企業によっては、役職定年になった人は一般職に戻るので、再び組合員に復帰する仕組みになっています。役職定年者を受け入れてきた労働組合の場合は、役職定年後の賃金体系について詳しく知っていることもあります。労働組合に聞いてみるのも一つの手です。

ところで、役職定年になったら一方的に賃金が下がるわけではありません。というのは、再び残業代がつくようになる企業が多いからです。

管理職になったばかりの頃は、残業代が支給されなくなって、逆に年収がダウンしたといった経験をした人は少なくないでしょう。役職定年になると、それとまったく逆のことが起こることもあり得るわけです。そもそも残業が多かった人は、役職定年後も、以前と遜色ない所得を得るケースもあります。

いずれにしても、役職定年で所得が下がると慌てる前に、まずは、自分の賃金体系がどうなのかを確認しましょう。

## 退職金が安くなる／年金も下がる可能性が高い

お金のためだけに働いているわけではありませんが、やはりお金は大切です。会社を辞めるにしても、そのタイミングは検討したいものです。

たとえば退職金。辞めようとしているなら、割り増し退職金が出る時期を狙いましょう。ただし、そうした会社は一般に経営不振の状態にあります。もらえるうちにもらっておこうと考える人は少なくないので、意外に早く募集枠は一杯になります。

「どうしようか妻に相談していたら、応募に間に合わなかった」

と悔しそうに話すのは大手メーカーの営業のAH（57歳）さん。

だからといって、いつ募集するのかわからない割り増し退職金を待つ気にもなれません。結局、その後、まもなく退職。退職金は年収にも満たなかったそうです。

一方、金融機関で働いていたOH（58歳）さん。金融機関は2社目で、勤続年数は19年でした。

「知人から手伝ってほしいと言われたから転職しちゃったんですよね……。同僚に『あと1年いれば良かったのに』と言われてはっとしました。年金の3階部分がもらえなくなっちゃいました」

OHさんは大きなため息をつきました。

このように、ちょっとしたタイミングで損をすることもあります。自分の会社はどんな退職金制度なのか、またどんな福利厚生制度になっているのか、一度きちんと確認しておくことが大切です。

## 長期的に見れば、年収ダウンの転職の方が、役職定年よりもお得？

役職定年を前に転職することを考える人も多いでしょう。今の時代、40代後半、50代前半でも、まだまだ転職先はあります。とはいっても、中高年を欲しがる転職先は、もっぱら中小企業になります。多くの中小企業は常に人材が足りないので、いくつになっても最前線で活躍ができ、やりがいを感じられることが期待できます。

しかし……。多くの人が、チャンスを前に立ち止まってしまいます。その原因は年収のダウン。大企業で1000万円を得ていたのに、転職したら600万円くらいにダウンするのは普通です。「これではやっていけない」と考えるわけです。あるいは「自分はこれだけ稼げるはずだ」というプライドが邪魔をしているのかもしれません。

しかし、10年ターム、15年タームで考えたらどうでしょうか。

仮に55歳が役職定年で年収が3割ダウンすれば、55歳以降の年収は700万円。60歳で定年になり、再雇用となれば、パート扱いですから、さらに年収は下がります。中には200万円程度に下がったという例もあります。

この例で言えば、転職しなかったケースは、50歳から65歳までの所得は、（1000万円×5年＝5000万円）＋（700万円×5年＝3500万円）＋（200万円×5年＝1000万円）で合計9500万円になります。

一方、50歳で転職した場合は（600万円×15年＝）9000万円。ほとんど遜色はありません。

さらに中小企業の場合は、通常、厳格に定年は設けていないので、元気であれば、70歳でも、75歳でも働けます。そうなれば、大企業にずっと勤めているよりも、生涯所得ははるかに大きくなります。

それより何よりも重要なのは、〝現役社員として働けるやりがい〟でしょう。役職定年で、かつての部下の下で働いたり、周辺に気を使われる働き方になじめない人も多いと思いますが、そういった人にとっては、はるかに伸び伸びと働ける良い職場になるはずです。

加えて、企業の中には早期退職割増金を用意しているところもあります。役職定年で悩む前に、一度、中小企業への転職を検討することもお勧めします。ただし中小企業といえども年齢が上がれば上がるほど、転職は難しくなっていきます。早めの準備、早めの決断が大切です。

## 意外に支出は少ない？　必要な所得をチェックしておく

前述したように、せっかくのチャンスが転がっていても、「年収を落としたくない」という理由で、それを見逃す人は少なくありません。年収を落としたくない理由は、生活水準を落としたくないからでしょう。

しかし、実際に支出を計算すると、思ったよりも生活費はかかっていないことに気づく人は少なくありません。50代になれば、すでに子供が就職している人もいます。また、洋服も若い時のようにたくさん買わないし、酒量も減っているので、外食費も下がっているのではないでしょうか。

生活費がどれくらいかかるかを把握してはじめて、役職定年による年収減の影響を理解できます。大幅に足りないようでしたら、何らかの対策を真剣に考える必要があります。逆に、思ったよりも余裕があれば、当面、収入の心配はする必要はないわけです。

ただし、余裕があるとわかったからといって、のんびりしていいわけではありません。役職定年時だけでなく、60歳で定年を迎えた時にさらなる収入ダウンがあるからです。

60歳から100歳まで、生活水準を下げずに済むためには、どのように収入を得る手立てをすればいいのでしょうか。50代はそれを考え、具体的にセカンドキャリアの準備をする時間にあてたいものです。

## 月に10万稼ぐ力を身につけることが安心につながる

役職定年を迎えても、定年後の再雇用になっても、年金暮らしになっても、自分で稼げる術を持っていれば、生活に余裕も出るし、何よりも心が安定するものです。

ニッセイ基礎研究所の調査によれば、サラリーマンの夫婦の平均年金額は月23万円だそうです。新入社員の給与程度です。高齢になると着るものも食べるものも少なくて済むといいますが、本当にこれだけで暮らせるのでしょうか。

一方で豊かさを実感できる支出額は36万円という結果が出ました。その差は13

万円。やはり、年金だけでは、相当苦しい生活を余儀なくされそうです。年金生活に入る前に、何とか、この差を埋める収入源を確保したいものです。

まずは10万円を目標に、給料以外の手段で稼ぐことを目標にしましょう。

稼ぐといっても、会社の仕事と別に、飲食店などでのアルバイトを勧めているわけではありません。「一種のフリーランスとして働ける力を身につける」という意味です。企業で身につけた力、あるいは長年の趣味で磨いた力は、他の人から見れば、価値があるケースが少なくありません。

専門分野の語学力、ライティング、パソコン、輸出入の知識、楽器、スポーツなどは、その例です。現在はランサーズ、クラウドワークスをはじめ、自分の能力を販売するための様々なサイトがあります。また、SNSやブログなどを利用すれば簡単に宣伝することもできるし、マンションの共有スペースなどを利用して、ちょっとした教室を開いている人もいます。

コツコツやっているうちに人脈が広がっていくし、仕事の幅も広がっていくものです。それを元に、将来は起業も夢ではありません。

現在は、副業を認めている企業は少数派ですが、一人でコツコツやるような仕事に関しては、企業は比較的寛容です。副業といっても、一人でやる分には、他社に情報が漏洩するリスクはあまりないし、また、本業に影響するほど、通常は忙殺されないからです。

役職を解かれて浮いた時間を10万円稼ぐ力を身につけるための準備期間と位置づけてもいいでしょう。稼ぐための糸口がつかめれば、定年後の再雇用、定年退職と会社の仕事が減っていくのと反比例して、自分の仕事が増えていくはずです。

## 役職定年5年前から準備しておきたい

会社の賃金体系、生活にかかる費用などを検討した結果、役職定年になっても、意外に余裕がある家庭もあれば、予想以上に深刻だという家庭もあります。もし深刻な場合は、まずは支出を見直しましょう。

自動車があれば手放せば、駐車場代と車の維持費が浮きます。家賃の見直し、ローンの借り換えなども効果は大です。まずは落とせるところと、譲れないところを決めます。

生活費を決めたところで、次は、収入を増やすことを考えましょう。社会人の子供がいれば、生活費を多少入れてもらう、あるいは、その額をアップさせる交渉をするのも一つの手でしょう。学生の子供がいるなら、小遣いを減らし、その分、アルバイトで補ってもらうことも考えましょう。

もし配偶者が専業主婦であれば、パートに出てもらうことを頼みましょう。もっとも、役職定年で所得が下がった段階でパートに出れば、配偶者に「稼がないといけない」とプレッシャーがかかります。

現役を離れてからの期間が長く、働くことに慣れていなければストレスも大変なものでしょう。できれば早めに試算して、奥さんに役職定年を迎える3年くらい前から働き、社会に慣れてもらうくらいがちょうどいいかもしれません。

もちろん、大黒柱本人も、稼ぐ手立てを考える必要があります。もしも前述したような得意技を活かすつもりであれば、役職定年5年前くらいから準備をしていれば、稼げる額はある程度、増えているはずです。

それでも、どうしても足りないようでしたら、残業を積極的に引き受けるとか、アルバイトをすることもやむを得ないでしょう。

足りないからといってＦＸやデイトレードなどに手を出したり、あるいは大借金をして大家さんを目指したりするのは厳禁です。もはや、やり直しは利かない年齢なので、失敗すれば二度と立ち上がれないほどの打撃を受けます。

いずれにしても焦りは禁物。落ち着いて行動するためには、早い準備を心がけるしかありません。

# 第3章

# 役職定年後の会社生活

## 50代の7割が継続雇用を希望

若い時は、新しい環境に飛び込むことは楽しくてしょうがなかったものです。恋人や親と離れて東京や海外など、故郷から遠く離れた学校や企業に、入学したり就職したりすることも平気でした。新しい環境に慣れてくると、再び、新天地を求めて学校や職場を飛び出す人も珍しくありませんでした。

ところが、年齢を重ねるとともに、新しい環境に出ていくのが億劫になっていきます。どれだけビジネスチャンスにあふれていても、知らない人ばかりのパーティーに行くのは気が重くなり、それよりも、気心がしれた仲間が集まる同窓会や同期会の方を優先させたくなります。転職も、出向もできれば避けたいところでしょう。

明治安田生活福祉研究所・ダイヤ高齢社会研究財団が実施した「50代・60代の働き方に関する意識と実態」調査では、50代、60代の男性はともに約7割の人が定年後も同じ会社での継続雇用を望んでいます。

その理由は「今まで培ったスキルやノウハウを活かせるから（約7割）」「職場や勤務地など環境を変えたくないから（約4割）」「別の会社の新しい職場環境や人間関係に慣れるのは大変そうだから（1割）」……。動かないことのメリットがずらりと並びます。

50歳から65歳まで、今後も同じ会社で継続して働くことで、どのような未来が開けるのでしょうか。ちなみに同じ調査で、役職定年を経験したことで、給与が下がった人については6割、下がらなかった人についても1割の人が「仕事のモチベーションが下がった」と答えています。給与が下がらなくても、役職がなくなること自体がストレスになるのかもしれません。

役職定年が55歳という企業で働く人は、定年を迎える60歳までモチベーションが下がったまま働くことになります。60歳まで頑張ると、今度は再雇用という新しい働き方に変わります。ここで給与はもっと下がり、権限はなくなり、さらに

**継続雇用を希望する理由**（定年前正社員・複数回答）

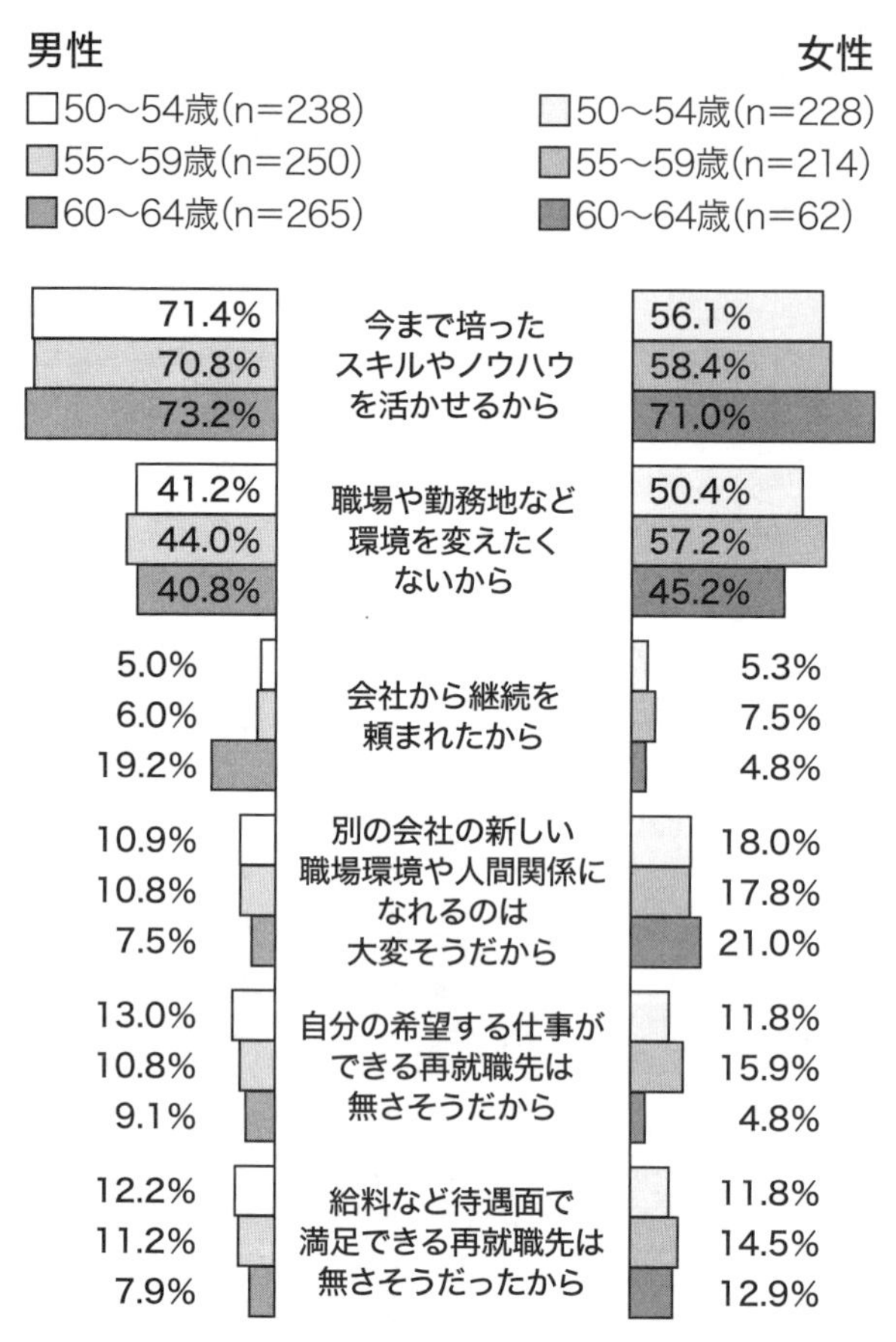


出典：明治安田生活福祉研究所・ダイヤ高齢社会研究財団
「50代・60代の働き方に関する意識と実態」

モチベーションは下がっていくでしょう。こんな状態であと5年、もし70歳まで雇用が延長されれば、さらに10年も働くことになります。そんなストレスフルな環境に耐えられるのでしょうか。

## 役職定年後のプライド

役職定年でもっとも辛いことは、プライドを傷つけられることでしょう。たとえば、呼び間違え。「○○課長……。あっ」などと黙られたら、なんと反応していいのか困ります。

かといって、役職定年になったその日から、「○○さん」と気軽に呼ばれるのも面白くありません。それを避けるためには、役職定年前から「○○さん」と呼ばせるしかありません。役職で呼ぶ風習が残っている企業で働いている人は、後進のためにも「さんづけ」運動を広げておきたいものです。

また、仕事についても、たとえば単純作業を申し訳なさそうに頼まれても、当たり前のように頼まれても不愉快です。だからといって、誰も何も頼んでこなければ、それはそれで傷つきます。自分の前を素通りして、かつての部下にハンコをもらいにいく姿も、できれば見たくありません。

役職定年になった当初は、多かれ少なかれ、こんな気分を味わうのではないでしょうか。だから別の部署に異動したいと考える人もいますが、知らない部署に行けば行ったで、かつての活躍を知らない人たちだから、単なるパートのおじさん、おばさん扱いをされる可能性もあります。そうなれば、プライドはズタズタです。

それなら転職や早期退職をすべきなのでしょうか。難しい問題ですが、ただ一つ言えるのは、冷静な判断が必要だということです。

## 転職未経験者は新しい環境になじめず、転職ジプシーになる可能性が高い

役職定年になった時、あるいは迫ってきた時、多くの人がまず考えるのは転職でしょう。しかし、新しい環境に慣れるのは大変です。とくに、一つの会社でしか働いたことがない人はもちろん、すでに10年以上、その会社で働いている人は、思った以上に会社のやり方が染み付いているものです。

交通費の精算の仕方から、ホチキスの留め方まで、これまでのやり方との違いがストレスになります。大企業から中小企業に転職すれば、信用調査もせずに平気で取引するリスク管理の甘さやサービス残業の多さ、社長のワンマンぶりなどが我慢できないこともあります。

だからといって、「前の会社では……」を連発すれば、新しい職場で嫌がられるだけです。結局、こんな会社は合わないと再び転職。次の会社に行けば、また新たな不満が見つかる、という繰り返しになる人は少なくありません。

こうした人が次々と生まれてしまう原因の一つは、人材紹介会社の存在かもしれません。そうした会社は立派な経歴書もつくってくれます。一流大学出身、一流企業出身、英語堪能といった見栄えの良い経歴や特技があれば、わりとすんなりと面接までこぎつけられます。また、そうした人は仕事もでき、話もうまいので、高い確率で内定は取れます。

仮に、人材会社なしで、ハローワークや求人サイトを見たりしながら、すべて自分で会社を探し、応募書類を自分で作成するとしたら、簡単に辞めたりしないかもしれません。

簡単に決まるので、これまでとは違った環境、違ったやり方になじめず、惜しげもなく辞めてしまうわけです。最初の会社は20年、2社目は半年、3社目は1年、4社目は3カ月……。こんな転職ジプシーになってしまう人は少なくありません。CMではありませんが、転職するにしても慎重に行きたいものです。

## 仲間との起業はリスクが高い

まだまだ気力も体力も残っている50代、できればもうひと花咲かせたいと考える人は少なくありません。同年代の同僚や友人たちも、同じことを考えています。気心もしれていますから「一緒に起業しよう」という流れになりやすいのですが、仲間との起業はかなりのリスクがあります。

まず、問題になるのは固定費。仮に自分の家の一部を使わせる、あるいは親が持っている会社の一部を使わせるといった具合に、誰かが余分に負担するという体制ができれば、共同事業で収益が上がらない限り、たいてい他の人はお金を払いません。仮に借金をすることになれば、誰の名義にするのか揉めます。

また、仕事の配分でもトラブルは起こります。たとえば雑用。通常の業務では、雑用が結構あります。管理職時代は面倒な業務は部下がやってくれたし、この世代だと家庭では、奥さんがほとんど家事をこなしている人が多いでしょう。事務所の掃除、ファイルの整頓など、積極的にやる人と怠ける人で対立することもあります。また、儲かれば儲かったで、誰がどれだけ貢献したのか揉めることになるケースもあります。

「出資金を返せと裁判になった。当然、返す義務はないから勝ったけど、腹が立つから全額返しました」「売上もないのに経費を平気で請求してきた。信じられない」「なかなか売上が上がらない状況が続いていたら、ある時、共同経営者の一人が『自分は従業員。これまでの給与を払え』と主張しはじめた。さすがに呆れました」

定年になった技術者同士で、人のために役立つ素晴らしい製品をつくって引き合いが殺到……。当然のことながらテレビや雑誌で紹介されるのは、このような成功談ばかり。しかし、実際は、儲かるどころか、預金を食いつぶし、さらに友人・知人を失ったというケースが圧倒的ではないでしょうか。

もし仲間同士で起業するのであれば、役割や責任の範囲などを記述した契約書を交わすべきでしょう。もしくは、一人がすべての責任を負うリーダーとして仲間を引っ張るというカタチにすべきでしょう。対等な関係は、結果として無責任体制を生み出します。

## FAX要員として以前の職場に配属になった

大手の食品メーカーA社に勤めているHNさん（57歳）。それまでは直販の外商部の部長として、顧客開拓に采配を振るっていました。HNさんが担当してから業績も伸び、ある意味、風を切って社内を闊歩していました。

しかし、この会社では、役員になれない限り、どれだけ優秀な人でも、容赦なく役職定年の対象となります。HNさんも55歳を機に役職はなくなりました。役職定年後の配属先は、以前と同じケースもあれば、違う部署になるケースもあります。

## 男性有識者の役職定年の際の所属異動の有無

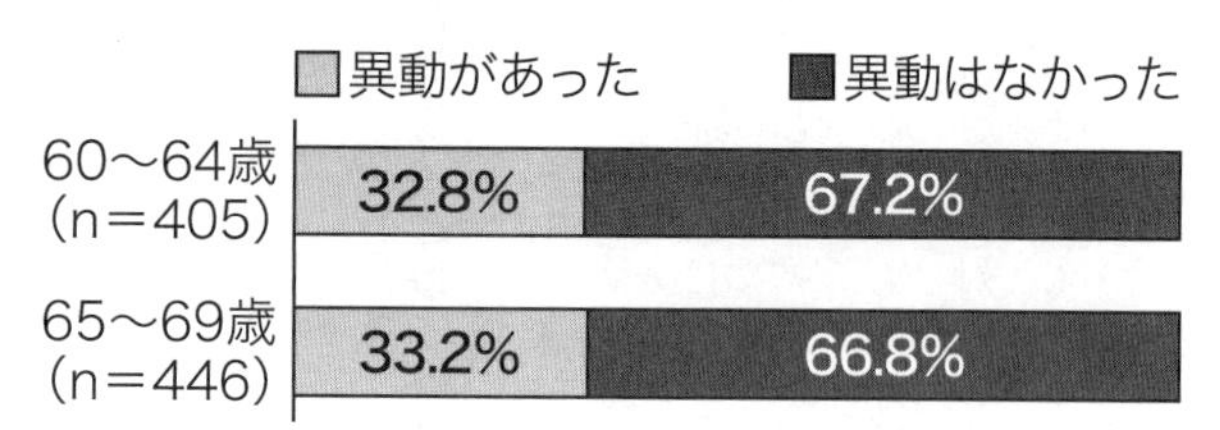


出典：明治安田生活福祉研究所・ダイヤ高齢社会研究財団
「50代・60代の働き方に関する意識と実態」

前出の調査では、異動があった人は3割、異動がなかった人は7割という結果が出ています。役職定年に伴う異動はない企業の方が圧倒的に多いようです。

A社では、役職定年者を配属せずに、いったんプールしておきます。人手が足りないから人数を増やしたいと要請してきた部門に配属するといったやり方をしていました。

昔のように大勢の新卒を採用する余裕はありません。もちろん、売上が仮に1割下がったからといって、スタッフが少なくていいというわけではありません。売上があってもなくても、必要なスタッフ数は案外、変わらないものです。結果、現場はどこも人手不足。それを補うために役職定年者を活用しようとしたわけです。このやり方自体は、まったく問題はありません。むしろ、いい考えにも見えます。HNさんも、応援要請に応えるために待機していました。ところが、引き合いがきたのは、よりによって古巣の外商部。最近、足が遠のいているお客さんの掘り起こしにFAXを送ることになったのですが、その数は膨大。一日中、複合機に張り付かざるを得ないくらいの量なので、専門要員が欲しいというわけです。

現場では、パートかアルバイトを要請したつもりでした。ところが配属されてきたのは、元部長のHNさん。現場は氷が張り詰めたような状態になったそうです。

さすがにHNさんにFAX送信を頼めないというわけで、結局これまで通りスタッフたちでFAXを送ることになり、HNさんはやることがなくなってしまいました。かといって、あれこれ指図をすることも、役職定年となった現在は憚られます。仕方がないので、邪魔にならないように、静かに新聞を読んでいることくらいしかできません。傍から見れば、まるで遊んでいるようです。

現場では、改めて人事に応援要請していますが、人事は「派遣した人材を利用できないのは現場の責任。これ以上のスタッフ増は無理」の一点張り。外商は人手が増えたのに仕事は楽にならないし、人が増えた分、利益率は下がってしまいました。これなら部長として働いてもらった方が、はるかに効率的です。このような、全員を不幸にしているいびつな役職定年が少なくないようです。

## 役職定年になったら、みんなが雑用を頼んでくるので残業ばかり

ＨＮさんは、誰からも仕事を頼まれなくて不幸になったケースですが、大手メーカーで経理を担当しているＨＹさんは、まったく逆のケースでした。ＨＹさんは、腰が低く仕事も丁寧。ミスが少ないことで定評がありました。そんなＨＹさんが、平社員になったので、多くの人が使い勝手がいい部下と認識したのです。

若手に頼めばいいような仕事でも、「ミスをされたら困る」という理由で、HYさんに頼んできます。頼まれたらいやだと言えないHYさんの性格も、そうした状況に拍車をかけています。

「若い人たちがみんな先に帰るのに、年配者の自分だけド残業。なんだか虚しくなってきます」と、HYさんは悔しそうに拳を握りました。

HYさんの会社は、役職定年後も、基本的に異動はありません。異動がないからこそ、HYさんの能力を知っているかつての部下たちが頼んでくるわけです。

それでは、異動がある場合、ない場合、どちらの満足度、あるいは不満が高いのでしょうか。

前出の調査によれば、異動がなかったことに満足している人は9割近く、それに対して、異動があったことに満足している人は約7割。異動しない人の方が満足度は高いようです。

ちなみに満足の理由として、異動があったケースの1位は「元上司が所属内に

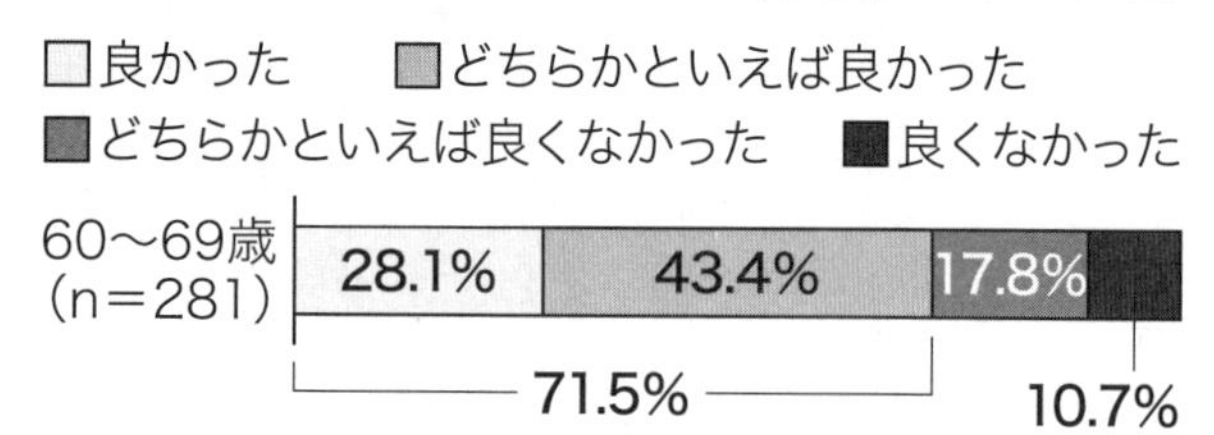


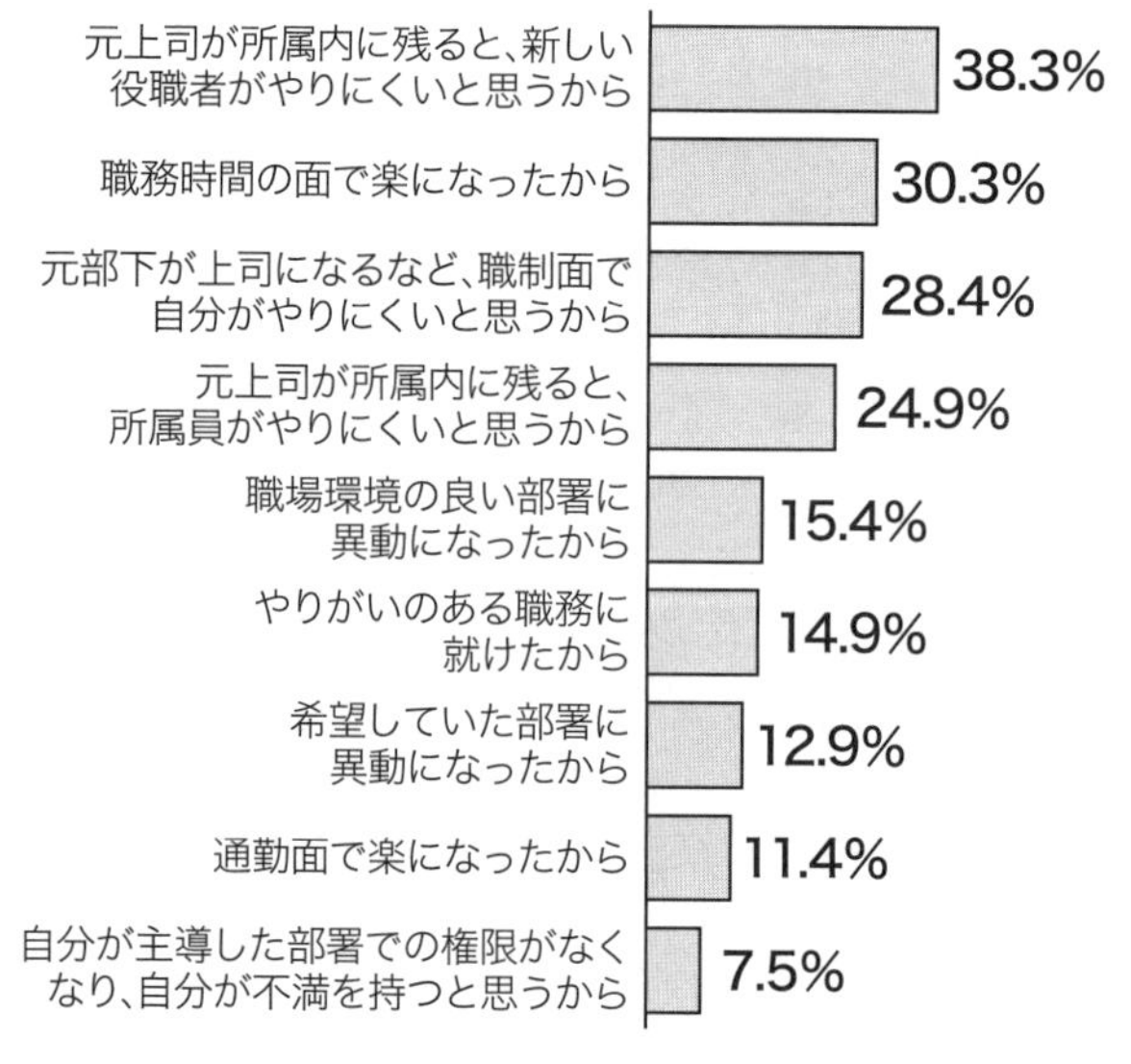


出典：明治安田生活福祉研究所・ダイヤ高齢社会研究財団
「50代・60代の働き方に関する意識と実態」

残ると、新しい役職者がやりにくいと思うから」、2位が「職務時間の面で楽になったから」、3位が「元部下が上司になるなど、職制面で自分がやりにくいと思うから」、そして4位が「元上司が所属内に残ると、所属員がやりにくいと思うから」。2位を除いて、いずれも、元上司がいると、本人も元部下もやりにくいと考えているわけです。

これらの良かった点は、異動がなかった人たちにとって、そのまま悪かったことになります。一方、異動がなくて良かった点の1位には「それまでの知識・技能・経験が活かせたから」、2位には「その所属でやりたい仕事があったから」、3位が「その所属の所属員と一緒に仕事を続けられたから」、4位が「やりがいのある仕事だから」と続きます。異動した人たちは、こうした良かった点がなくなり、悪かったことになるわけです。

異動になれば、人間関係の悩みからはある程度は解放されますが、仕事のやりがいはなくなります。やりがいを求めれば、人間関係がギクシャクします。どちらにしても、苦労がつきないことがわかります。

## 地方を転々とするも楽しい飲み会

一方で、役職定年でも、マイペースで楽しむMRさんの例もあります。MRさんは、転職回数が多く、現在のシステム会社は3社目です。入社した時は30歳を過ぎていました。その後、東京、仙台、広島、名古屋、新潟などを転勤で渡り歩いてきました。

趣味は酒とバイク。転勤先でツーリング仲間を見つけ、地元の食材を楽しむ。こんな人だから、どこに行っても楽しいわけです。誰とでもすぐに仲良くなるので、営業成績は常に上位。役職定年前は、ある地方都市の所長でした。魚がおいしく、人もいい。東京出身者だったにもかかわらず、えらくこの地域が気に入り、8年前にマンションも購入していました。

MRさんが役職定年になったのは、そんな頃。いきなり仙台転勤の辞令が下りました。問題だったのは、子供がまだ高校生だったので、単身赴任せざるを得なかったことです。それを除けば、仙台支店にはかつて一緒に働いた仲間もいるし、ツーリングにも最高の場所です。赴任した当初は毎晩のように歓迎会が続いたそうです。

何とか仙台のテコ入れが済むと、次は広島。もちろん、広島でも、かつての飲み仲間、ツーリング仲間が集まり、仙台同様のどんちゃん騒ぎが続きました。合間を見つけては、奥さんも遊びにやってきます。

半年から1年程度で転勤を繰り返していましたが、どこに行っても新たな発見があり、給与が下がったことを除けば、楽しくてしょうがなかったそうです。

MRさんのように、転職を重ねていると、新しい環境に対する耐性ができていくのかもしれません。

どこに行っても平気な人が増えれば、役職定年に対する受け止め方は、かなり変わっていくのではないでしょうか。

## 制作に専念できてうれしいけど、奥さんが不満顔

一方で、そもそも管理職に興味がないという人もいます。たとえば、あるテレビ局で働くKRさん（63歳）。この局には役職定年制度はなかったので、KRさんは定年を機に役職を離れて一般社員に戻りました。

KRさんは、もともと報道やドキュメンタリーに興味がありましたが、希望は通らず、若い頃にはもっぱら芸能関係の仕事が中心でした。40歳を過ぎてから、念願の部署に異動してドキュメンタリーの担当になりました。しかし、もはや現場でバリバリ仕事をする年齢ではありません。部下の指導、予算管理などクリエイティブとは程遠い仕事に忙殺されていました。

そんなKRさんにとって、「定年」は大きなチャンスでした。「定年」後の再雇

用で、再び同じ職場に配属されたからです。定年になったので、当然、管理職から外れます。部下はいなくなり、面倒な管理の仕事から解放されました。これからは、制作だけに専念できるのです。KRさんにとっては、まさに学生時代の夢がかなった瞬間でした。

問題は、本人がハッピーでも、家族がハッピーとは限らないことです。退職したことで、KRさんの給与は激減しました。奥さんは専業主婦なので、給与の減少は、そのまま生活費や奥さんのお小遣いに跳ね返ります。

さらに問題を複雑にしているのが、一回り以上も離れた二人の年の差。奥さんの同級生のご主人の大半は、まだ現役で給与が高いのです。小学生から有名私立に通っていた奥さんにとって、高級志向の同級生との集まりは深刻です。

加えて奥さんは、そもそも報道・ドキュメンタリー関連の仕事を気に入っていませんん。芸能関係の担当だった時には、流行最先端の店に連れていってもらえたし、有名店で食事をしていれば、大物芸能人などが次々に挨拶に来ました。また、

ＫＲさんは時々、収録の見学にも誘ってくれました。

ところが、報道系になった途端に生活は一変。流行の店に連れていってくれることはなくなりました。話題は硬くなり、いまひとつ面白くありません。加えて給与まで下がったのですから、いいことは一つもありません。

ちなみに奥さんは、結婚するまで大手メーカーに勤めていました。同期の女性には役職についた人もいます。もし今でも働いていれば、そこそこの地位とそこそこの給与を得られたはずです。ＫＲさんに頼まれて専業主婦になったことは、今更ながら悔やまれます。

このように奥さんは、いろいろ思い悩んでいるのですが、肝心のＫＲさんは、そんなことに気づきもせず、毎日、ウキウキと会社に出かけていきます。嫌味の一つも言いたくなるのは仕方がないかもしれませんが、言われる方もたまりません。ＫＲさんの出かける時間は次第に早くなり、帰る時間は遅くなっているそうです。

ＫＲさんに限らず、いつまでも現場の最前線にいたいという人は少なくありません。編集者、営業マン、教育者、医者、料理人をはじめ、それはあらゆる職業にわたっています。生涯一ヘッドハンターと名乗っていたエグゼクティブサーチ会社の社長もいました。レジェンドの愛称で呼ばれるスキージャンプの葛西紀明選手、イチロー選手、カズ選手もそうでしょう。

そうした嗜好の人が管理職から解放されて、現場の最前線に戻れば、うれしくてしょうがないでしょう。しかし、もしかしたら、家族は、ＫＲさんの奥さんのように不満かもしれません。役職定年や給与のダウンは、自分だけの問題ではないので、奥様をはじめ家族とよく話し合うことが重要です。

## 出世を考えなくていいので自由になった

飲料メーカーの広報部のＹＭさん（59歳）は、役職定年になった最大のメリットは、自由にものが言えるようになったことだといいます。

「役職定年前は、多少なりとも出世したいと思っていたので、『こんなことを言えば、評価が下がるかもしれない』『あの部長に睨まれたら先がない』など、常に自分の評価を意識して行動したり、発言したりしていました。ところが、今や出世どころか、せっかく手に入れた役職まですべてを剝がされた。もう出世することがなくなったと思ったら、ある意味すごく気軽になりました」

こんなYMさんですから、昔は、みんなが嫌がる仕事を積極的に受けていました。そのうち、面倒な仕事は、みなYMさんに押し付けられるようになりましたが、マイナス評価を心配して断れませんでした。

また、プライベートな約束があっても、残業があると、そちらを優先させていました。YMさんは未だに独身。その理由は、そんな「NOと言えない」会社中心の生活にあったのかもしれません。

しかし、今は違います。やりたくない仕事であれば、断れるようになりました。

また、約束があれば、残業は無理だときちんと断ります。それどころか、上司の間違いもはっきり指摘することすら平気になりました。

「役職定年になってから働くのが楽しくなってきました。会社員だって、自由に生きようとすれば、生きられてしまう。なんで、こんな単純なことに気づかなかったんでしょうか。正直、これまでの生き方に後悔しています」

人からの評価という呪縛から逃れれば、発想は自由になり、本当に自分がやりたい仕事が見えてくるはずです。ことによると、思わぬ才能を発見できたり、定年後の新しい道を見つけるためのヒントが見つかるかもしれません。

この章の前半では、役職定年を機に、意に沿わない働き方を強いられる人の例が多かったのですが、YMさんのように、役職定年自体をこれまでの人生をリセットする良い機会だと捉えることもできます。

# 第4章　再雇用以外の様々な道

## 気が付けば、つまらない人間？

内閣官房人生１００年時代構想推進室の「リカレント教育参考資料」によれば、一度も転職したことがない人は、男性の場合、50代前半で35・8％、50代後半で31・6％、60代前半で11・4％。すでに転職経験者の方がマジョリティです。ちなみに2回以上の転職経験者は、それぞれ40・5％、40・6％、40・9％に達しています。

転職は必ずするべきです！　などと言うわけではありませんが、転職経験者と一つの企業にずっと勤めている人では、その行動にはずいぶん違いがあるようです。

たとえば、新入社員からずっと大手メーカーの営業職のＩＭさん（52歳）。これまで転勤経験もありません。彼に飲み会の幹事を頼むと、いつも会社の近くの店ばかり選びます。しかもチェーン店比率が高い。選んだ理由は、部内の飲み会

## 転職の意向

| | n | 現在転職したいと考えており、転職活動をしている | 現在転職したいと考えているが、転職活動はしていない | いずれ転職したいと思っている | 転職するつもりはない | 現在転職したい、いずれ転職したい・計 |
|---|---|---|---|---|---|---|
| 2014年全体 | 9857 | 7.0% | 14.3% | 22.0% | 56.6% | 43.3% |
| 60代除く | 8788 | 7.5% | 15.2% | 23.8% | 53.5% | 46.5% |
| 正社員・正職員 | 6354 | 5.9% | 14.3% | 20.5% | 59.3% | 40.7% |
| 18〜24歳 | 404 | 5.2% | 20.5% | 31.2% | 43.1% | 56.9% |
| 25〜29歳 | 819 | 8.1% | 19.0% | 26.6% | 46.3% | 53.7% |
| 30〜34歳 | 853 | 6.8% | 14.1% | 27.2% | 51.9% | 48.1% |
| 35〜39歳 | 976 | 6.6% | 15.6% | 22.8% | 55.0% | 45.0% |
| 40〜49歳 | 1795 | 6.3% | 13.9% | 18.8% | 61.1% | 39.0% |
| 50〜59歳 | 1175 | 3.5% | 11.2% | 12.4% | 72.9% | 27.1% |
| 60〜69歳 | 332 | 3.6% | 5.1% | 6.9% | 84.3% | 15.6% |

出典：内閣官房人生100年時代構想推進室「リカレント教育 参考資料」（2018年3月）

で使ったことがあるから……。

また、中堅の金融機関で働くＴＫさんは、定期的に開催する顧客向けセミナーの講師を接待する時には、必ず有名老舗店を使います。ガイドブックに出ているような、誰でも知っている老舗で、正直なところ講師陣には不評です。

全員が全員ではありませんが、ずっと同じ会社で、異動もなく、また、引っ越しもせず同じルートを使って通勤していると、知らず知らずのうちに、新しいことをするのが億劫になるのかもしれません。

一方、フェイスブックなどＳＮＳを覗いていると、話題の店、おいしい店の開拓などに積極的なのは、どちらかといえば、転職回数が多い人、自営業者、フリーランスなどが多いような気がします。こうした人たちにとってはＳＮＳは一種の営業ツール。忘れられないように人脈をキープしたり、新たな人脈を築いていくためには、常に話題をふりまくことが必要です。だからランチを食べるレストランや休憩したカフェまでネタにしようと考えるし、幹事を頼めば、それも話題にできるから面白い店を選んでくれるわけです。

それに対して一つの大企業でずっと働いてきた一定年齢以上の人は、そもそもSNSをやっていない人が多数派ではないでしょうか。職場が安定しているし、新たな人脈を築く必要もないから、仕事においてSNSの必然性はありません。また、余計なことを書いて、トラブルになっても面倒です。登録はしてみたものの、結局、使わないといった人も少なくありません。

いい年になってくると、おいしい店の話など、披露する場所はSNSくらいしかありません。そうした場にも参加せず、また、会社の場所も家の場所も変わらなければ、次第に、別の町に出て、わざわざ新しい店を開拓しようといった意欲もなくなっていくのかもしれません。

飲み会の場所設定は、不評でもたいした影響はありませんが、実は、仕事でも同じように思考停止、発想の硬直化を犯しているかもしれません。

転職では、環境の大変化が起こります。大多数の人が、そうした経験をしているわけです。転職も異動もないといった人は、意識的に環境を変えてみることが大切でしょう。

まずは、いつもと違った店でランチからはじめてみるのはいかがでしょうか。女性客ばかりの店、若者ばかりの店……。客層が違う店に入るだけで1時間足らずのランチタイムでも、きっと新しい発見があるはずです。

## 大企業で働く・都会で働くといった枠を外して考える

「大手メーカーの工場長だった経験を活かして製造ラインを工夫。生産効率をあげた」

「金融機関の経験を活かして、社長の右腕として同族経営から近代経営への転換に尽力した」

「商社のノウハウを買われて海外進出の先頭に立った」

最近は、地方の企業で活躍するシニアが増えています。地方には優良な企業がたくさんありますが、優秀な人材は東京をはじめとした大都市に流出しがちで、常に人材不足の状態です。そこで、専門知識、経験ともに豊富なシニアにスポットが当たっているわけです。

働く目的をどこに置いているのかは人によって違うでしょうが、少なくとも、「やりがい」「働きがい」を第一に考える人に対しては、地方の中堅企業への転職はお勧めです。その会社の根本にかかわる大きな改革や挑戦に携わることができるはずです。

一方、転職先を「大企業」「大都市」に限定する人は、なぜ、そうした条件が必要なのか、一度じっくり検討してみる必要があるかもしれません。「親が安心するから」「福利厚生がしっかりしているから」「安定しているから」「子供の教育のため」「文化施設が整っているから」「友達がいるから」……。こんな理由かもしれません。

再検討すれば、大企業や大都市でなければいけない理由は消えていることもあります。たとえば、子供が大学に入ってしまえば、もはや「子供の教育のため」という理由は成り立ちません。また、自分がせいぜいあと10数年しか勤められない年齢になっていれば「安定」も不要でしょう。

「大企業」「大都市」という枠を外して考えると、選択肢はぐんと広がります。たとえば、音楽が深い趣味のMNさん（61歳）。東京で音楽系の仕事に就こうとすれば大激戦。中途で入るなど夢のまた夢。しかし、たとえば地方のコミュニティFMなどを狙えば、そうした夢はかなうこともあります。

実際に都内のサービス業で働いていたMNさんは、地方のコミュニティFMに転職することに成功しました。番組の中で流す曲の選定をしたり、ライブの企画を練ったり、還暦を過ぎた現在も、音楽の最前線にいます。

地方企業にターゲットを絞れば、MNさんのように、昔からの夢がかなうこともあるわけです。役職定年を前に、リベンジ転職に挑戦するのもいいかもしれません。

## 国家資格に再び挑戦する

医師、弁護士、公認会計士……。学生時代に憧れて何度も受験した人、試験問題を見て、受ける前に怖じ気づいて諦めた人は少なくないでしょう。そんな学生時代の夢に、シニアになってから再びチャレンジする人も出てきました。

たとえば、弁護士のＵＴさん。司法試験は学生時代に留年までしてチャレンジしましたがだめでした。しかし51歳での受験は一発で合格したそうです。

ＵＴさんは、もともとは銀行員でした。その後、ＭＢＡを取得して、外資系のコンサルタント会社、最後は法律系のデータベース会社の社長を務めました。当然、弁護士や法学部の教授などとの付き合いが盛んになります。

この時、ＵＴさんは、かつて弁護士になりたかったという夢を思いだし、受験することに決めたそうです。学生時代に比べれば、記憶力も体力も落ちていますが、実地の社会人経験は豊富で、応用は利くはずです。仕事の傍ら、2年間、夜間のロースクールに通い、勉強時間は1日3時間と決めました。それで受かると信じたそうです。実際、1回で合格したそうです。

また、小学校の教師だったKTさんは、41歳で医学部入学。47歳で国家資格合格。晴れて医師になったそうです。KTさんは学生時代に医学部受験に失敗。浪人中に気が変わり小学校の先生になりました。そのKTさんが再び医師を目指そうとしたきっかけは、教頭試験の受験を勧められたこと。

KTさんは、そもそも現場が好きで、教頭になることにはまるで興味がありませんでした。それなら、その時間を使って医師を目指したらどうだろうかと、ふと思ったことが、再び医師を目指したきっかけだといいます。

勉強時間は1日3時間。3年の勉強で、見事に医学部に合格しました。定年までに受かればいいと、のんびりかまえたことが、いい結果につながったそうです。

一方、海外営業、マーケティング、イベント企画などを手がけた後に通信教育中心のMBAを取得した大手メーカー勤務のKNさんは、「MBAの勉強で、いつも会社でやっていることの理屈がわかった感じ。勉強は大変だったけど、仕事の片手間でできるレベル。わざわざ会社を休んで留学する意味はあるのかな?」と話していました。

つまり、社会人の経験が積み重なっていくと、判断力や応用力がつくので、社会を知らない学生が勉強するよりも、はるかに効率的に勉強できるというわけです。司法試験はもちろん、医学部ですら、そうした面がありそうです。

国家資格や大学入試、最近はいろいろ問題もあるようですが、一応、いずれも年齢制限はありません。大学時代になにがしかの資格を目指していた人は、役職定年前の準備の一つとして、再チャレンジをしてみるのもいいかもしれません。

UTさんやKTさんのように勉強時間は1日何時間までと、業務に差し支えない範囲であらかじめ決めておけば、両立は十分に可能でしょう。また、久しぶりの本格的な勉強は、頭をリフレッシュさせてくれるに違いありません。

## 副業でキャリアプランを考える

現在、厚生労働省と経済産業省が音頭を取って本業の他にもう一つの仕事を持つことがあたり前になるような、「副業」促進活動が始まりました。

兼業が重要である理由は三つ考えられます。一つ目は、社会の要請。労働人口の減少です。絶対数が足りないので、才能のある人を一つの会社が独占すれば、他の会社はノウハウを失い衰退する。そんな切羽つまった状況が早晩、訪れそうです。だから、その才能を複数社で使おうというわけです。

二つ目は個人個人のリスク分散です。現在はグローバル競争の進展とともに業種ごと海外に逃げていってしまったり、仕事の多くがＡＩに取って代わられるなど、変化が激しい時代です。勤務先にいつどんなことが起こるかわからないので、安全弁として、もう一つの稼げる手段をつくっておこうというわけです。

そして三つ目はシニアのためのセカンドキャリアづくり。人生100年時代に入ったので、会社を定年した後も働き続ける必要があります。同じ会社で再雇用されて働き続けるのも悪くはありませんが、中には「昔のようにバリバリ働きたい」「人のために役立つ仕事がしたい」「昔やりたかった夢にもう一度チャレンジしたい」などと考える人も少なくありません。

しかし、たとえば新卒から60歳までずっと同じ会社に勤めていた人が、60歳、あるいは65歳から新人として新しい世界に飛び込み、新しい仕事を始めるのは容易ではありません。一つの会社のやり方しか知らないからです。

そこで、セカンドキャリアとして考えている仕事を副業としてやってみようというわけです。副業だから、合わなければ辞めればいいというある種の気楽さがあるので、心に余裕が出ます。仮に転職だったら、「失敗したら大変だ」と必死になり、仕事や会社と自分の相性を見る余裕はないでしょう。

他の会社で働くことで視野は広がり勉強になるものです。同じ仕事でも、会社によってやり方が違ったりするのは新鮮です。このやり方は合理的だ、こっちのやり方はうちの方が優れているかもしれない……。発想も柔軟になり、新しい提案もどんどん湧いてくるはずです。

実は、副業推進は役職定年者にこその福音です。なぜなら、仕事が軽くなり自由な時間が増えるので、じっくり副業に取り組めるからです。役職がなくなったことで減少した収入の一部を副業で補うこともできます。

また、50代は定年後のセカンドキャリアを考えなくてはいけない時期ですが、役職定年があることで、また副業をやることで、セカンドキャリアをより具体的に検討できます。

ところで、副業解禁はいつになるのでしょうか。

実は国が副業を禁止したことはありません。そもそも禁止していないから解禁もないわけです。だから、各企業に対して副業を認めるように強制することもないということになります。副業を禁じているのは法律ではなく、あくまで各社の労働規約や就業規則だったのです。

それでは、どうして副業解禁の噂が立ったのでしょうか。

実は、その原因は厚労省が用意していた就業規則の見本にあったという理由が濃厚です。企業が就業規則をつくる時には、厚労省のひな型を参考にするものです。

そこには、「原則として副業を禁じる」と書いてありました。そこで、多くの企業がそれを参考に「原則として副業を禁じる」と書いたわけです。当時は終身雇用が当たり前。みんなで社宅に住んだり、運動会をしたり、慰安旅行に行ったり……。

家族的経営が推奨されていたから、自分だけ儲けようとしたり、他の仕事のことを考えるなど、みんなの和を乱す可能性がある副業を禁止するのはもっともなことだと受け止めた企業もあったのかもしれません。もちろん、何も考えずに丸写しをした会社もあったでしょう。いずれにしてもそんなきっかけで、副業禁止規定が広がってしまったわけです。

一度広がってしまった常識を変えるのはなかなか大変です。様々な促進運動をするとともに、2018年から、厚労省の就労規則のひな型は、「副業を認める」という内容に変わりました。これから設立される企業は、「副業を認める」と書かれた就業規則を丸写しするかもしれません。いずれにせよ副業が一般的になるかどうかは時間の問題でしょう。

## アメリカは平均転職10回、キャリアチェンジ3回

キャリアプラン、インターンシップ、エグゼクティブサーチ、ジョブディスクリプション、M&A……。この20年くらいの間に、日本の職場には、アメリカ式の様々なビジネス文化が入ってきました。その原因は、年功序列・終身雇用を柱

とした日本型経営が崩れてしまったからです。

日本型経営がうまく機能していた時代は、日本や日本企業が目指すべき方向ははっきりしていました。アメリカ企業の後追いです。アメリカ企業が生み出した製品やサービスを、もっと安く、しかも高品質で売り出せば、間違いなく売れました。それによって右肩上がりの高い成長、みんなが揃って豊かになれる高度経済成長を達成できたわけです。

このように年功序列・終身雇用が機能していた時代は、キャリアプランは人事部が考えてくれました。たとえば商社の海外営業担当なら財務部や法務部などを経験しながら、金融や貿易にまつわる法律の知識などを身につけていきます。メーカーの中には新入社員全員を工場に配属するところもありました。いろいろな部署を2~3年ずつ体験しながら一人前に育てていったわけです。

しかし、ローテーションにはコストがかかります。配属された当初は、何もできないので稼がない上に、先輩や上司が手を止めて教える教育コストもかかるからです。日本が低成長経済に移行するとともに、ローテーション制度を取りやめたり、一部の社員だけに限定するといった企業が増えていきました。豊かな社会で育った若者は、ローテーションで現場に配属されることを嫌ったことも、こうした傾向に拍車をかけました。

実際に働いてみれば、関連部署の仕事を知らないことが、いかに不利かわかってきます。たとえばコンサルティング会社。

大手コンサルティング会社のHMさんは、新卒で入社して自動車業界の担当になりましたが、そもそも自動車工場がどうなっているのか、どんな人が働いているのか、どんなモチベーションなのかといった生きた知識がまるでありません。顧客と話していても、現場のことを何も知らないと見破られました。上司たちを見れば、みな、メーカーや金融機関などからの転職組で現場の事情に精通しています。

このままでは、一流のコンサルタントになれるはずはありません。そこで、一度、メーカーに転職したそうです。3年働き、さらに海外に留学してMBAを取得し、再びコンサルタント会社に転職しました。

会社がローテーションをしてくれなくなったということは、HMさんのように、自分でキャリアプランを考え、転職を通じてローテーションを組まなくてはならないわけです。

そう考えると、アメリカ人の転職回数が多い理由も頷けます。アメリカ人の平均勤続年数は約4年。日本企業のローテーションで体験する期間より少し長いくらいです。具体的に身につけたい技能や知識を決めて転職しているのかもしれません。いずれにしても、日本でよく言われる「会社に対する忠誠心の差」といったレベルの話ではなさそうです。

また、キャリアプランに沿ったローテーションとしての転職であれば、まず、どんな技能があればその職につけるのかがはっきりしている必要があります。それによって、その職を目指すには、具体的にどんな資格、どんな経験と技能を積めばいいのかわかるからです。だからアメリカ系の企業では、それを示したジョブディスクリプションがはっきりしているわけです。

あるグローバル企業の財務部長の社内公募条件を見たことがあります。公認会計士の資格と、確かマネージャーの経験、英語力などが書いてあったと記憶しています。いずれにしても、それを見れば、自分の能力のどこが欠けているのかわかるし、財務部長になるためには何をすればいいのかわかります。目標に向かってストレートに努力できるわけです。

ところで、情報化、グローバル化の進展によって企業を取り巻く環境は猛スピードで変化しています。ＩＴの進展やグローバル化によって、業界や技術や職種などがまるごと消えるといったことが頻繁に起こるようになりました。

いいかえれば、目標としていたキャリア自体がなくなる可能性もあるわけです。そのキャリアを目標にして問題がないのか定期的にチェックし、変化があればその都度、キャリアプランを見直す必要もあるでしょう。

新技術で世界をリードするアメリカでは、産業構造の転換スピードも速く、また企業の新陳代謝も激しい。変化のスピードは日本の比ではありません。結果、平均で3回もキャリアチェンジをしているといいます。

キャリアチェンジをしていくためには、新しい経験が必要です。その結果、転職回数は約10回になったのです。

もちろん、アメリカでも昔は一社に長く勤めることが当たり前でした。ずっとフォードに勤め続けた男性が主役の映画『グラン・トリノ』、40年間電話帳会社で働いた男性が主役の『マイ・インターン』をはじめ、高齢者が主役の映画を見れば、必ずといっていいほど「○年勤めてきた」といったセリフが出てきます。長くまじめに勤めあげることは日本同様に美徳だったのでしょう。

それが今や転職回数10回です。アメリカでは、新しい時代に合わせて、様々なビジネス文化を発展させてきたわけです。すでに日本も終身雇用、年功序列は破たん寸前。いよいよアメリカ式のやり方を本格的に導入する必要が出てきたようです。

さらに、これからは人生100年時代。キャリアプランの見直し、それに合わせたキャリアチェンジの回数はもっと増えるでしょう。その時の選択肢の幅は、ひとえに、それまでの勉強にかかっています。もちろん、それは「旅行に備えて英会話の勉強」といった趣味の話ではありません。

これから10年、20年、第一線で働き続けられる人材になるための勉強です。たとえば、商社マンや銀行員は、仮想通貨やITの知識が必要かもしれません。教師ならアクティブ・ラーニングやeラーニングをはじめ、新しい教育手法の習得が必須かもしれません。

一定期間、学校などに通って新しい時代に合わせた知識や技術を身につけたら仕事に戻り、再び知識や技術が陳腐化したら学校でブラッシュアップをする。寿命が伸び、働く期間が長くなれば、働き続けるためには、このような就労後の定期的な学び直し、「リカレント教育」が必要になってきます。

## エイジフリーが当たり前

「新卒採用　平成○○年生まれまで」「中途35歳まで」「役職定年」「定年退職」……。入社の条件から退職年齢まで、日本ではもっぱら年齢によって決められます。私たちは、それが当たり前だと思っていたし、学歴より年齢を重視するのは日本らしい平等な手段という受け取り方もありました。

しかし世界の流れから見ると、特異な考え方になりつつあるようです。「はじめに」でも触れましたが、多くの国は、それを「年齢による差別」だと考えるようになっているのです。

この分野での先頭を走るのはアメリカです。1967年に「雇用における年齢差別禁止法（ADEA）」が成立しました。採用や解雇だけではなく、賃金や労働条件をはじめ、雇用に関するあらゆる面で、年齢による差別が禁じられたのです。そうした流れはカナダ、豪州、EUにも広がっています。

こうした国では、役職定年も定年退職も、また、それらにまつわる賃金の引き下げもすべて違法ということになります。

もちろん、このような法律が成り立つのは、業績不振などに伴う解雇や賃下げが比較的容易だということがあります。また、20人未満の中小企業は適用除外にしたり、一定年齢以上の人への早期退職の勧告など、高年齢者を優先的に解雇できる余地は認めています。

一方、定年制や役職定年の議論の際、若者の雇用を確保するためという意見が出ますが、欧米では、高齢者が若者の雇用を奪うことはないという結論が出たそうです。

その理由は、高齢者と若者は嗜好が違うから。高齢者が担当している仕事は、往々にして若者は興味がないので、募集したところで集まらないというわけです。また、技能や経験が必要な仕事については、明日からベテランの高齢者と若者が交代することはそもそも不可能でしょう。そうした結論も踏まえて、年齢による差別が禁じられたのです。

もっとも、体力や集中力などが必要な一部の職種についてだけは年齢制限が認められています。パイロット、医者、警察官などは、その例です。

いずれにしても、日本では移民受け入れが認められるほどの深刻な人手不足です。世界の潮流もあり、いずれは役職定年どころか、定年制度そのものがなくなるという意見も少なくありません。

今、役職定年に直面している人も5年、あるいは10年もすれば、年齢など気にせず働ける時代がやってくるかもしれません。そのことは念頭においてキャリアプランを練りたいものです。

## 日本では未だに会社依存

さて、アメリカのサラリーマンと日本のサラリーマンを比較するとどうでしょうか。アメリカのサラリーマンは、企業を取り巻く環境変化を見つめながら、自分でキャリアプランを構築して転職を繰り返しながらキャリアアップをはかっています。非常に自主的です。

日本でも、最近はベンチャー企業を中心に、アメリカ型の行動を取るサラリーマンが増えているようです。たとえばメルカリには、創業1～2年目の時に、NTTドコモやヤフーなど、今をときめく会社出身の、若者たちがどんどん集まってきました。連続起業家として名高い山田進太郎会長が再び起業したからです。「ぜひ、その手腕を見たい」「会社が大成長していくところが見たい」「チャンスは今しかない」などが、その理由です。

もちろん、どの人もずっと勤める気はさらさらありません。何年か修業して、スタートアップのコツを掴んだら、転職したり、起業したりしようと考えているし、そうした希望を隠すことなく、堂々と表明しています。

一方で、転職もせず、ずっと同じ会社に勤めてキャリアプランは会社に任せっきりという人もいます。しかし、すでに会社には、ローテーションによって社員を教育する余裕はありません。

慣れた仕事を慣れた人にやってもらうのが効率的、といったコスト意識しかありません。それどころか、もはや社員教育をするノウハウすら残っていないと分析する人もいます。

ジョブローテーションに加えて、ＯＪＴも機能しなくなりました。一般的に社内育成はＯＪＴで行われていますが、リーマンショック以降管理職のプレイングマネージャー化が進み、また新入社員の研修の場がＩＴ化もしくはアウトソース化されてなくなったので、社内に育成ノウハウがたまらないという背景もあります。

かつては、どの企業でも人事教育部などが充実し、講師は社員が務めていたものです。各社オリジナルのテキストもありました。しかし、コスト削減の観点から、次第に外部の教育会社に頼むようになっていきました。

それによって、次第に社内から社員教育のノウハウが消えていったわけです。研修すらやらなくなった企業に、自分の未来を託すのは非常にリスキーです。これから、どんなところを磨けばいいのか。役職定年を、自分のキャリアプランをしっかり考える機会にしてみませんか？

## 副業は一種のインターンシップ

キャリアプランを考える上で役に立つのは副業です。試しに働いてみることで、その仕事との相性がわかるし、長年やっていればノウハウも積み上がっていきます。経産省や厚労省が副業を勧めているのは、そうした理由です。

将来は、シニアのインターンシップが広がる予感もあります。日本のインターンシップは、今から約20年前に大学生向けに始まりました。大学の授業の一環で、1年間の座学と2週間の企業体験がセットです。当初は、「何もできない日本の大学生が企業に来たら邪魔なだけ」と否定的に考える企業が主流でしたが、大学教授がコネのある企業を一社一社回り、頭を下げ、一人ひとり受け入れをお願いするというカタチで広がっていきました。

人にものを教えるのは大変です。若手社員をインターンシップの担当につけると、ぐっと力がつきます。また、新人をなかなか採用する余裕がない企業にとっては、誰かが来るというだけでも職場が活性化します。

もちろん、2週間も一緒にいれば、優秀かどうかもわかります。インターンシップは新卒採用の有力手段としても着目されるようになり、今では直接、インターンシップを募集する企業も増えています。

また、学生向けだけではなく、社会人向けのインターンシップも増えてきました。とくに農業や漁業など適性が問われる職業では盛んです。同様に、シニアでもインターンシップが広がっていくことが期待できます。

すでに埼玉県のようにシニアインターン事業をはじめた自治体も出てきました。

また、採用コンサルティングのアドヴァンテージでは、「爺ターン」と名付けて、シニアインターンの募集をしました。

案外、速いスピードで広がっていくかもしれません。シニアに求められているのは、メンター的な役割でしょう。その時必要なのは、知識や経験はもちろんですが、何よりも大切なのはフラットなコミュニケーション能力。ピラミッド型の組織は崩れ、今後はますますフラットな組織になっていきます。かつての管理職然とした態度では誰も寄ってきません。

## 役職定年後をサポートする人事の取り組み

多くの人のモチベーションを低下させる役職定年は、長い間、ネガティブなイメージで受け止められてきました。自社の役職定年制度について語りたがらない企業も少なくありませんでした。

「最近、そんなネガティブな雰囲気は変わりつつあります」と話すのは、中高年者のリカレント教育（社会人になった後、就労に活かすために改めて学び直し、自身の可能性を広げる教育システム）を手がける、株式会社パソナマスターズ社長の中田光佐子さん。

その一つの兆しが、人材開発室やキャリア支援室、ライフデザイン室といったシニアのセカンドキャリアを考えるための部署や担当を人事部の中に創設する企業が増えてきたことだといいます。

中でも役職定年の中心的世代の50代は、同じ会社の社員の同期であっても、歩んできたルートも蓄積してきたノウハウもバラバラ。一人ひとりの背景が著しく違うのに「シニア」とひとくくりにした制度をつくっても、うまくいかないのは、ある意味、当然。そこで、個別に対応していくキャリアカウンセリングやキャリアコンサルティングといった機能を充実させるようになってきたわけです。

役職定年を迎えると、自分のキャリアがそこで止まってしまうという印象を持つ人が少なくありません。節目の一つではありますが、そうではなく、50代になっても、60代、70代になっても、社内やグループ会社で活躍できる力、あるいは転職できる力をつけていくことを念頭にキャリアを積んでいく、だから役職定年でいったん自身をふり返り、次に備えるといった考え方が主流になれば、一人ひとりの能力を引き出すことにつながり、組織の人材の活性化にもつながります。このような力をつけていくための支援をしていこうというわけです。

もっとも60代、70代になっても、求められる人材になるための道は容易ではありません。役職定年が訪れるはるか前、40代から研修などを用意して、意識改革に取り組む企業も今では珍しくないそうです。

## 企業にとっては役職定年者の活性化が課題

役職定年制度の最大の問題はモチベーションの低下でしょう。所得が下がったり、地位もなくなったり、今までと違う環境に不満を持つのは当然です。やる気が低下してしまうのも否めません。もっとも役職名に関しては、「さんづけ」や役職者がほとんどいないようなフラットな会社も増えているので、気にする世代は限られるのではないかという人もいます。

一方、企業はどうでしょうか。役職定年制度を導入することで、総人件費は何とか抑えられたとしても、モチベーションが下がった社員を抱える環境は望ましくありません。いっしょに働く社員が気遣ったり、周辺の社員のモチベーションが下がる可能性もあります。

役職定年を迎えて、モチベーションが下がる理由は自分のキャリアが止まってしまうと感じるから。いいかえれば、もっと仕事がしたいということになります。仕事をしたい人を閑職につけて活用しないのは、企業だけの損失ではありません。人手不足の観点からも50代の活性化は社会の急務です。

こうした流れを受けて増えているのが、人材の再教育のサービスです。20代、

30代の頃、結構研修があったものですが、40代、さらに50代になれば、若手社員の育成や定着率に注力し、50代の人に何を教えていいのかわからなかったのかもしれません。

しかし、人生100年時代においては、50代こそこれからの人生の計画を立てる貴重な時期です。まもなくやってくる60歳の定年。これまでのような、いつまでも続く毎日は終わりです。会社を辞めるか、再雇用を選ぶかの決断を迫られます。再雇用を選んだとしても働けるのはプラス5年。年金があるといってもささやかなものです。

これまで通りに漫然と過ごしていれば、5年後、10年後に慌てることになります。定年後に備えるための準備は遅くとも50代にはしておきたいものですが、具体的にはどうすればいいのでしょうか。その考え方の基本を教えてくれるライフワークスやパソナマスターズといった事業会社が続々と誕生しています。

たとえばパソナマスターズでは、企業の主に中堅・ミドルクラスの人材を対象にした企業向け研修プログラム「マスターズカレッジ」を2019年に開始します。月に2回通う2カ月のプログラムで、参加者は在職中に、定年後のセカンドキャリアや職業選択の可能性を学びます。

プログラムは3つのパートに分かれています。一つ目は「教養課程」。キャリアの棚卸し、生活設計、健康など定年後の生活について学びます。二つ目は「専門領域」。再雇用継続、転身、ボランティア、社会貢献、起業、副業など定年後に自分を活かすどんな選択肢があるかについて学びます。三つ目は、「インターンシップ」。こちらは、希望者にオプションとして実施します。希望の職種で職業体験をします。できるだけ一社一人に調整しているので、社外のネットワークも一気に広がります。

様々な選択肢がわかってくると、引き続き同じ会社で仕事をするという再雇用に物足りなさを感じる人もいるかもしれません。起業や転職、ボランティア活動への参加など新たな可能性にチャレンジする人もいるでしょう。あるいは、改めて再雇用の安定性に気づき、魅力を感じる人もいるかもしれません。要するに、会社に残る以外にも様々な可能性があること、すべての可能性を理解した上で、納得して自分の人生を選べればいいわけです。

「マスターズカレッジは社外集合型研修のため、多様な企業の方々と一緒に学ぶことを想定しています。研修では、会社の上着は脱いで、これまでの自分の経験や今後の人生に向き合って頂きます。どんな仕事をしてきたかによって磨いてきた技能は違います。社内では、当たり前のようにみんなができることでも、社外の人からみれば貴重な技能だった、というケースも少なくありません。異業種の人が集まることで、お互いのノウハウや技能のどこに市場価値があるのかわかる、といった効果もあります。また、それは自信にもつながります」（中田さん）

どんな属性の社員を研修対象とするかは企業が決めます。役職定年制度がある企業であれば、その3年から5年前に研修を推奨しています。役職定年が早い企業であれば、40代後半の社員の参加を検討しているケースもあるそうです。

前述したように、近年、人事部にキャリア開発に特化した部署を新設し、制度設計だけでなく、キャリア支援の観点でシニア活用に力を入れる企業が増えています。

「一定の期間経験を積んだ社員に対して、その後の人生を見つめ考えるきっかけを与える研修を、会社の福利厚生としてとらえて欲しいです。『自分の会社は、経験を積んだ社員に対しても、これからの人生の準備のための研修を行ってくれる』との認識が広がれば、若手社員にとっても会社への信頼が増します」（中田さん）

## 実は役得のプレ役職定年世代

書籍『LIFE SHIFT（ライフシフト）』の大ヒットで人生100年時代市場の拡大に対する期待が高まったからでしょうか。前述の教育サービスをはじめ「10

0年時代に備える50代のため」をコンセプトにしたビジネスが増えています。情報サービスもその一つです。

たとえば、星和ビジネスリンクが設立した定年後研究所では、50代を対象にした定年準備の情報、定年後に役立つ情報、コミュニティなど目的別の様々なサイトの運営をはじめました。コミュニティサイトはスタート半月で3000人もの登録者が集まったそうです。すでにシニアもインターネットで情報を集める世代の時代がやってきたようです。

「定年後を研究すれば研究するほど、重要なのは50代での準備だと気づき、50代に向けた情報発信が中心になっていきました」と、定年後研究所の得丸英司所長は言います。

50代向けの情報は若者向けとはかなり違います。求人情報もなく、求職の心得的な記事もなんだか暗く感じられます。50代の求人はかなり厳しそうだというニュアンスが伝わってくる、そうした中でひときわ輝いているのが講師になる方

## 50代会社員が60歳以降の生活に向けて企業に望むこと

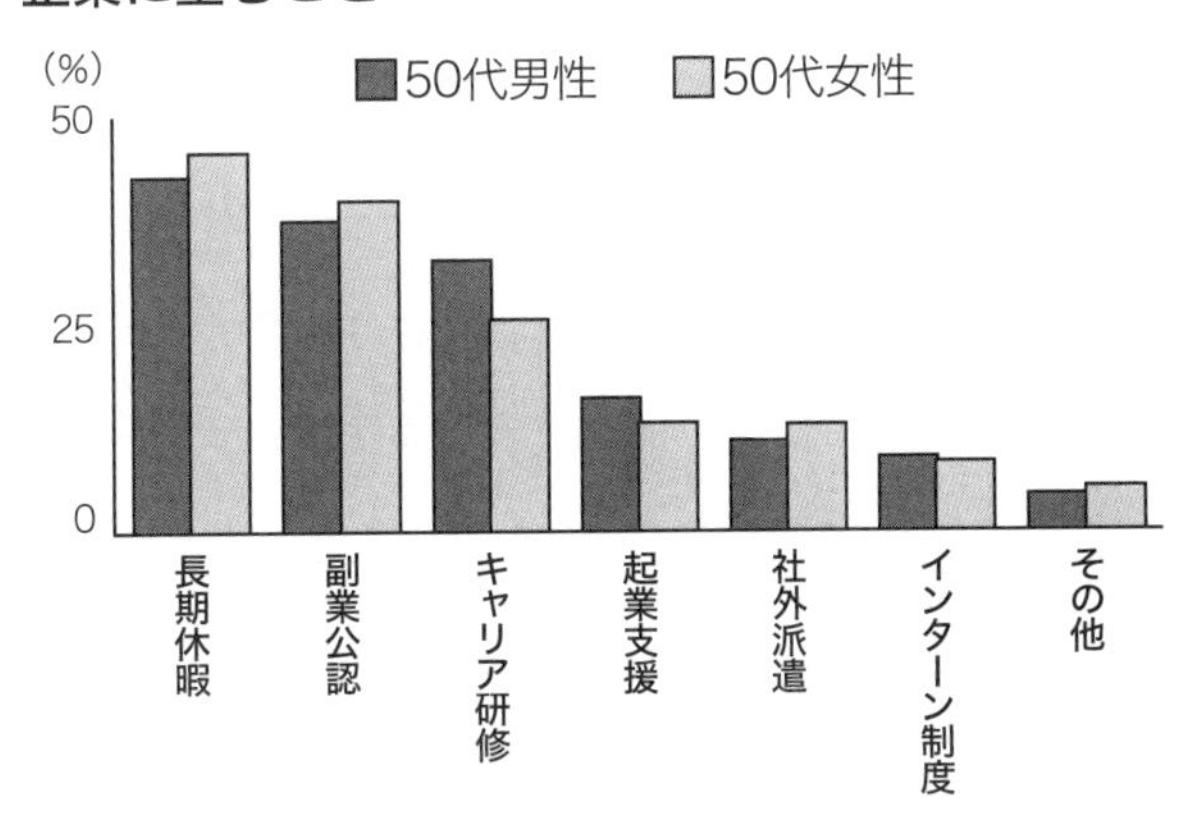


出典：定年後研究所「『定年後』に関する定量調査」

法です。

自治体をチェックしていると講師の募集があるなど、講師のクチの探し方から話す内容まで解説しています。様々な経験を積んできたシニアは「自分の経験」が立派な講義の内容になるし、若い世代はそれを求めているという説も頷けるし、多くの人が人生に自信を持てることでしょう。

ところで、シニアの就職はなかなか厳しいのも事実ですが、できれば能力のあるシニアを活用しないでただ雇っているだけの「雇用保蔵」状態は解消したいものです。元々は、景気変動に伴う雇用調整を雇用者数ではなく雇用者の稼働率（労働時間など）で調整することを指しますが、現在ではそのような前向きな意味ではなくなりました。少し古い資料ですが、２０１１年の内閣府の調査によれば、そうした人の率は全雇用者の8・5％を占めているそうです。

今後、バブル世代、さらに団塊ジュニア世代が加わってくれば、雇用保蔵状態の人はさらに跳ね上がるかもしれません。

企業で頼む仕事がないなら、その人を活用したいと考える企業に転職させた方が、お互いにウィンウィンの関係になります。とくに需要があるのは中小企業。社長の相談相手といった立場の人材に対するニーズが高いそうです。

大企業の目では、どう見えるのか。そんな視点も欲しいのでしょう。しかし、中小企業のオーナーは癖がある人が少なくありません。会社を辞め、全力でサポートするつもりだったのに大げんかになり退職。こんな人は数え切れません。

**雇用保蔵率**（雇用保蔵率平均との乖離、%ポイント）

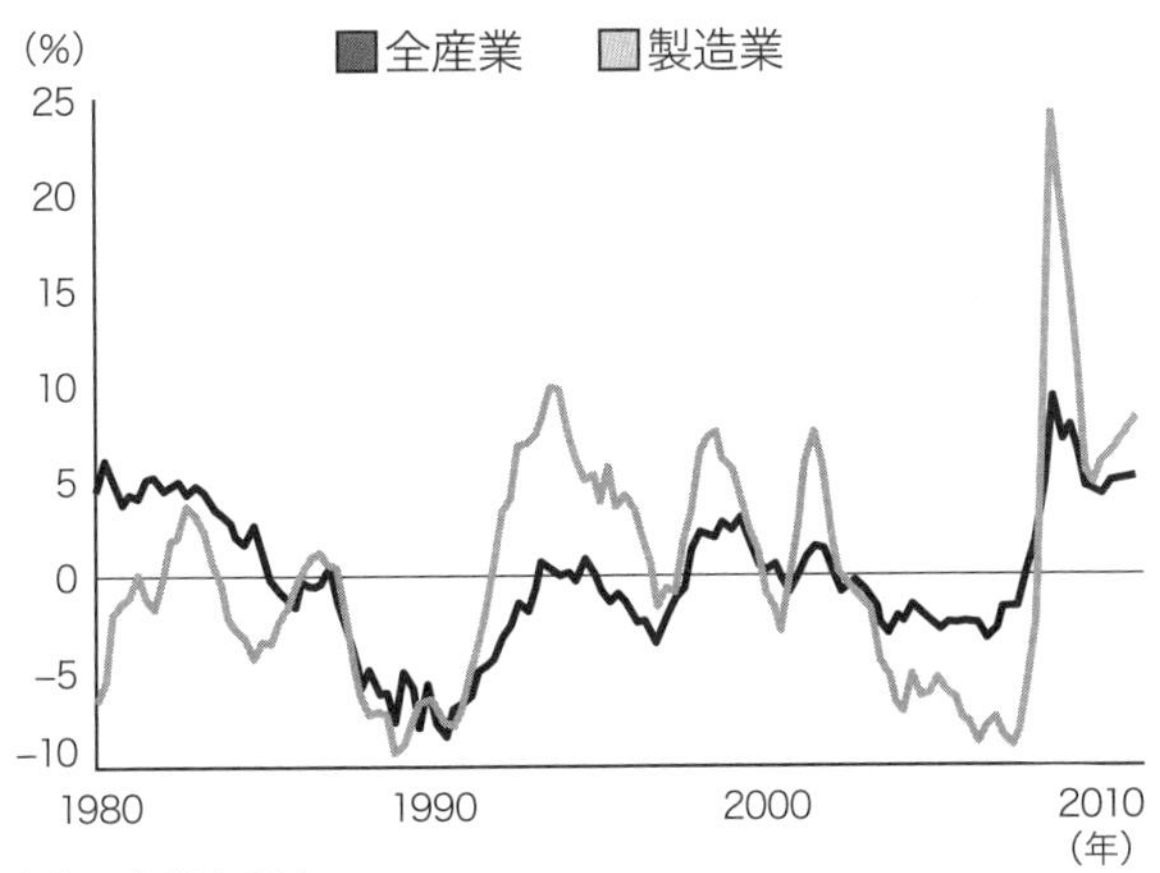


出典：内閣府調査

へたをすれば、次の行き場が見つかりません。

そうしたリスクを避けられるマッチングは、シニアがまずは副業として候補の会社に手伝いに入るといった方法でしょう。

しかし、いくら準備をしても、副業が認められなければ絵に描いた餅です。一方で、「役職定年世代だけには、例外的に副業を認めてもいいかもしれない」といった話が次第に増えてきたといいます。アンテナを張り巡らせれば役職定年世代に有利な様々な情報を得られるはずです。

## セカンドキャリアを築けるかは自分次第

今、多くの企業が社員のためのセカンドキャリアづくりのサポートに力を入れています。こうしたサポートが定着してくれば若手は、

「自分が40代、50代になれば、会社はあのようなサポートをしてくれるのか」

「キャリアプランはなんとなくわかったから、セカンドキャリアづくりは45歳から取り組もう。それまでは今の仕事を徹底的にやっておこう」

といった具合に長期的視点で考えられるようになります。

ところで「人生100年時代」が訪れ、多くの人は、いつまで働く必要があるのか、また、働く先はあるのかといったことに漠然と不安を感じるようになってきました。一方で、日本は人口減による慢性的な労働力不足に見舞われています。

その点から考えれば、いくつになっても仕事はあるはずです。

このような、ある意味、シニアにとって働くチャンスが拡大している時代に、企業がセカンドキャリアづくりをサポートしてくれるというのですから、まさに鬼に金棒。会社のサポートの制度を積極的に活用して、早め早めにセカンドキャリアづくりに取り組んでいる人も現れてきました。

逆に、せっかく企業がサポートの場を設けてもまったく活かさない人もいます。会社が様々なメニューを用意しても、「忙しい」「そんなの役に立たないよ」など、理由をつけて利用しない人が一定数出てくるのは「健康診断」と同じでしょう。

深刻なのは、わざわざ会社が指名して研修等を受けさせているのに「リストラ候補？」「不要な人材の烙印を押された！」といった勝手な解釈を加えてがっかりしてしまう人。そうした意識では、研修内容がまったく頭に入ってきません。

一方で、役職定年はあるけれど、会社はまったくセカンドキャリアのことなど考えてくれないといった人もいるでしょう。そうした人たちは自力で、セカンドキャリアを築いていかなくてはなりません。

いずれにしても、定年を前にした50代はセカンドキャリアづくりの準備に入っていなくてはならない年齢です。役職定年は、それをいやおうなしに気づかせてくれる制度でもあります。

役職定年がある人もない人も、セカンドキャリアづくりのサポートがある人もない人も、55歳を前に、一度、自分のキャリアの棚卸しと、セカンドキャリアのプランを考えてみませんか。

# 第5章

# 人生100年時代、役職定年に勧めるライフプラン

## 役職定年の人生スコアボード

「団塊世代は食い逃げ世代」と言われているそうです。これは年金の話で、「団塊の世代（1940年代後半生まれ）」は支払った保険料に対しての年金受給額が大幅にプラスになる、最後の世代だからです。

1960年代生まれの世代は少しプラスになり、1970年代以降に生まれた世代でトントンになる予定です。

今後、役職定年を迎える人、あるいはすでに役職定年を迎えた人は、「団塊の世代」の部下として、あるいは後輩として育てられてきた人々でしょう。しかし、最後のステージは彼らと同じようにはいきません。受け取れる年金額をはじめ、高齢者を取り囲む環境が大幅に変化したからです。

ほんの少し前までは「人生80年」といわれていました。60歳で定年を迎え、その後20年をどう過ごすかというのが老後の話題の中心でした。

「物価が安いオーストラリアやマレーシアなどに移住して贅沢に過ごす」「田舎で広々とした家に住み、のんびり農業などを楽しむ」……。

団塊の世代が定年を迎えるのに合わせて、様々な企業が「暮らしとか、趣味を楽しみながら悠々自適に過ごす」ための提案をしました。

しかし、これまで何度か触れたように、『LIFE SHIFT（ライフシフト）』が出版されて様子が一変しました。本書が提唱した「人生１００年時代」に刺激されたように、政府も「人生１００年時代構想会議」を立ち上げて議論を始めているし、年金受給年齢は、まもなく70歳から引き上げられそうです。

人生１００年だとすれば、現在50歳の人はあと50年人生があるわけで、少なくとも20年以上は働かないといけない時代がやってくるかもしれません。その時、何も準備しないで、年金と退職金に頼って生きていきますか。それとも役職定年を機に、もう一度自分自身のやりたいことを真剣に考えて充実した人生を生きていきますか。

人生の折り返し地点、50代前後で訪れる役職定年は、人生を振り返りその先の人生を考える絶好の機会です。

その時、非常に参考になる「人生のスコアボード」という考え方を紹介します。

金井壽宏さんの『中年力マネジメント』という著書の中で次のように紹介されています。

「ミシガン大学のワイク氏の紹介する、理想主義者（idealists）と現実主義者（realists）の人生を野球に見立てた、奇妙なスコアボード（得点表）をどんな風にご覧になるか。足し算が間違っていると合理的に主張すべきか。（中略）この命題で彼は、その都度うまく器用に適応することばかり繰り返していくと、思わぬ事態にも対応できるような、長期的でもっと図太い適応力が徐々に台無しにされていくというパラドクス（逆説）を示そうとした。現実主義者は短期的適応に強い。長期的適応性を犠牲にしているかもしれないが。理想主義者は確かに毎回安打とはいかないし、短期的は成果には弱い。しかし、最後に笑うかもしれない

（中略）。

それなりに教育熱心ないい家庭（？）に生まれ、一流高校、一流大学を出て、日本を代表する一流会社に入ることが、自分の長期的キャリア、九回までのスコアボード全体（つまり生涯やライフワーク）を考えなくなるもっとも容易な方法、王道であるといったら、みなさんに違和感がおありだろうか」

私たちは、これまで「成功」というのは社会や組織が命じるままに行動し、期待された成果を出すことと考えてきました。学生時代は親の期待に、社会人になったら先輩社員の期待に、課長になったら部長や役員の期待に、結婚したら妻の期待に応えようと一生懸命頑張ってきました。

そして、それぞれのイニング（回）で得点はしたかもしれませんが、全体（ライフプラン）として考えたことがあったでしょうか。この「人生のスコアボード」はそれを暗示してはいないでしょうか。

## 役職定年後はマネープランもライフプランも

メディアの特集などで、よく目にするのがファイナンシャルプランナーによるライフプランの試算です。「あなたの老後マネーは〝安心〟だ」とか「〝不安〟だ」とか無責任に言っていますが、一概に退職金と年金だけで「安心」をはかるものではありません。

たとえ年金が少なくても、70歳とか80歳でも元気に働ける体力があったり、年金を上回るような収入源があるかもしれないのです。年金に加えて収入があれば趣味を充実させたり、体のメンテナンスに気を配ったり、旅行をしたり、年金だけの生活より充実した人生が送れるかもしれません。

そのためには、どのようなライフプランを描いてそれに準備をするかが極めて重要になります。それには60歳の定年を迎えてから準備するのでは遅すぎます。

本当は、社会に出る前の学生時代から考えられればいいのですが、その時点でそこまで考えることができる人はなかなかいません。卒業後は、就職先で与えられる業務や日々の生活のあわただしさの中で、その課題を考える作業をなんとなく避けてきた人が多いのではないでしょうか。

## 役職定年の準備としての「学び直し」というライフプラン

50代になっても、人生の先が長いということになると、これまでに培ったスキルの棚卸し以外に、まだまだ新しいスキルを手に入れるため「学ぶ直し」は重要になります。

私（河村）自身を例にお話しさせていただくと、私は人事畑をずっと歩いてきました。中でも長く関わったのが人事制度で、ある企業での役職定年の導入を検討したこともありました。それは次のような内容でした。

・課長職と部長代理職は55歳で職位を離任して、専門職となる

・部長職以上は、57歳で専門職となり、ライン職から外れる
・給与については、役職手当相当額の減額に加えて年俸額の10％を削減する

役職定年を導入しようとした目的は、若い優秀な人材の積極登用に備えてポストを空けることです。それが組織の活性化につながると思い込んでいました。最終的には実現に至りませんでしたが、今振り返ってみると、役職定年の対象者の気持ちはあまり考えていなかったように思います。

「役職定年は他の大きな企業が導入している制度なので、当社も導入しなくてはならない。制度をつくって、就業規則と給与規定を改定して、周知義務を果たせば、人事担当者としての仕事は終わり」

といった乱暴な考えをしていたように思います。

仮に、あのまま導入していたら、実際の役職定年の対象者はどう思ったでしょうか。それを考えると背筋が寒くなります。今では本当に導入しなくて良かったと思っています。

そんな私もちょうど役職定年の〝適齢期（55歳）〟です。役職定年に関わってきた中で、50歳を迎える頃、将来に備えた準備をしようと考えるようになっていました。

具体的には、ＭＢＡを取るために明治大学の大学院に入りました。企業人事のスペシャリストになるために必要なのは会社経営の考え方と経営の知識だ、と思っていたからです。それまで30年近く、筆者は人事制度設計、労務管理、人的資源管理、人材開発に携わってきました。企業の人事が行うことはすべて経験してきたという自負がありました。

こうした経験の中で筆者が導き出した企業人事に必要なスキルと知識は、「少しの労働基準法の知識と2～3年のビジネス経験があれば誰でもできる。さらに必要なのは会社経営の考え方と経営の知識」というものでした。最後の仕上げのつもりで、また筆者の〝憧れの先生〟が明治大学大学院にいらしたのでこの学校の門を叩きました。

当初は、「いい年して大学院に行くなど恥ずかしい」「時間がないのに大丈夫か」「貯金を取り崩して、授業料にこんなにお金をかけていいものか」など、様々な不安がありました。

しかし、実際に授業を受けてみると、自分の知らないことが多いことに驚きました。50年以上生きてきて初めて聞く言葉が山ほどありました。自分の得意分野だと思っていた経営組織論、組織行動論、ＨＲＭ論（人的資源管理）の奥深さを知ってショックを受けるのと同時に、学び始めた時の「いい年して恥ずかしい」といったつまらない感情はどこかにふっとんでしまいました。

「時間がないのでは」という心配も、いつしか大学院の勉強が中心となっていて、会社の飲み会の時間やＴＶを見る時間を削りました。「授業料の問題」も教育訓練給付金が１００万円ぐらい助成してくれたので、阻害要因はすっかりなくなりました。

私の「学び直し」は、人生の考え方を変えるものでした。「学び直し」の前までは会社がすべてで、会社を中心としたキャリアを考え、会社に貢献することがひいては社会に貢献することと本気で思っていました。視野が狭かったのです。そして、「学び直し」の効果としては、〝会社中心〟の考えでなく〝自分中心〟の考えになりました。

一方、現在は環境の変化が激しく、既存の知識の陳腐化も激しい時代です。学び続けることがいかに大切かということを実感しました。「働くことと学び続けること」、もっと言えば「生きることと学ぶこと」は同列なのです。

それと、「学び直し」を通じて感じたのは支えてくれる家族の大切さです。「学び直し」は一緒に生活する家族にも負担をかけます。家族旅行も、家族揃っての外食にも影響が出ますし、学費も家計に与える影響が小さくないと思います。

しかし、家族が一緒に「学び直し」を経験してこその効果は、自分一人で経験する以上の価値があると思いました。

## 具体的な「学び直し」の効果

「学び直し」には、具体的にどんな効果を期待できるのでしょうか。内閣府の平成30年度、年次経済財政報告によれば、2年後以降（2年後には9・9％、3年後には15・7％）年収が増加しているというデータがあります。

また、非就職者の就職についても、就職率が10〜14％（1年後11％、2年後10％、3年後14％）増加しています。「学び直し」の効果は確かにあるのです。

しかし、同じく内閣府の報告書によると、OECD（経済協力開発機構）諸国において、25歳から64歳のうち、教育機関で学び直しをしている人の割合は、日本では2・4％しかありません。OECD平均の11％を大きく下回る形となっています。

幸い、最近は日本でも少しずつですが学び直しの機会が増えてきました。「立教セカンドステージ大学」と「神戸山手大学」は、そうした例です。

## 教育機関で学び直している人の割合（25〜64歳）

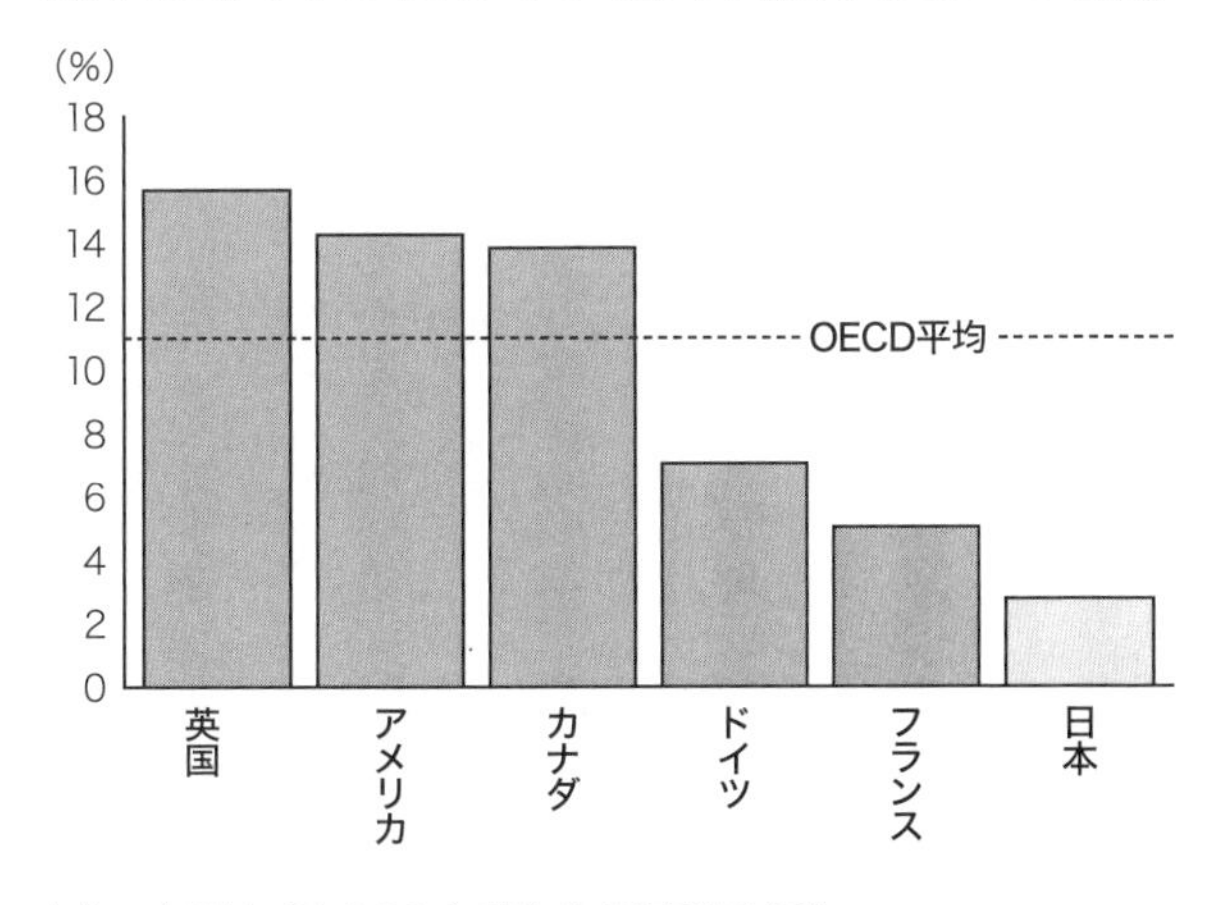


出典：内閣府 平成30年度年次経済財政報告

「立教セカンドステージ大学」は、2008年4月、シニア層のための学び直しと再チャレンジのサポートを目的として発足しました。立教大学の建学の精神に基づくリベラルアーツ（全人格的教養教育）をベースにシニア層がセカンドステージの生き方をみずからデザインするというコンセプトです。受験資格は50歳以上とし、1年制（専攻科を含めると2年）となっています。

面白いのは立教科目（立教大学

の学生と同じ科目）を2科目まで、無料履修できることです。この科目に出席した受講生は、みな一番前の席に座り、そして一様に学生の私語の多さに驚きます。ある時、それに耐えかねた受講生の一人が、「みなさん、静かに授業を聞きなさい」と一喝したそうです。その後、先生から「今年はセカンドステージ大学のみなさんがいてくれたおかげで私語が少なく授業が楽だった」と、感謝されたそうです。

ところで受講者は、どんな思いで入学したのでしょうか。

「家庭の貧しさから、大学で勉強したいといえる状況ではなかった。しかし、子育ても終わり両親も見送ったので、やっと自分が学べる環境になった」

「70歳を過ぎ死への旅立ちを心の中で準備し始めたが、セカンドステージ大学のパンフレットを見て、忘れかけていた学びの情熱に火がついた」

「大学時代は、学園紛争やアルバイトで、キャンパスで学んだ記憶がない。定年後、何をするべきか困っていたがセカンドステージ大学に行きたいと言ったら、妻が本当に喜んでくれた」

立教大学副総長の笠原清志氏のお話によると、面接試験では、シニア層からは「学び直したい」「今後の人生をどう生きていくべきか迷っている」と、このような志望理由が並んだそうです。

次の例は、「神戸山手大学」です。この大学の特徴は、立教セカンドステージ大学とは違い、卒業時には学士の学位を取得できる正規のコースになります。さらに、シニア学生の一部は、一般の学生とともに華道部や茶道部など課外活動にも積極的に参加できます。

実際に入学された方の声を聞いてみましょう。

「大阪の〝シニア自然大学〟という生涯学習のＮＰＯに参加していたが、定年退職後、週2回の自然大学だけでは時間を持て余していた頃、妻が神戸山手大の新聞広告を見つけてきてくれ、入学を勧めてくれた」

「仕事をしていた時に、働く人たちにとっては、やさしいとは言えない建物のつくりなどについて疑問を持っていた。定年退職が近づいた頃、電車の広告で神戸山手大学がちょうどシニアの受け入れを始めたことを知り、しかも住環境について学べるコースがあるということで入学を考えた。定年退職したからといってぼんやりとせず、何かを学び考え続けたい、そういう気持ちもあった。奨学金制度があることも、この大学への進学を決めた理由だった。奨学金が出る50歳になるのを待って、ここに来た人もいる。この大学は立地も良い」

「退職が決まり、会社で必要だった知識以外のこと、環境問題など一から勉強したくなった。神戸山手大学では環境分野が学べること、シニア学生にかなりの奨学金が出ることも知り、ここに行こう、そう決心した」

「退職後にさあ自由だ、遊ぼうと思い、旅行にいったり、友達と出かけたりした。最初の1回2回は楽しかった。しかし、こんな生活はすぐに飽きてしまうような気もした。何をしたら良いかと考えていた時、子供が大学のパンフレットを持ってきてくれて入学を決断した。奨学金が出ることも後押しになった。これだけの学費で4年間みっちり学ばせてくれるなら安いものだ」

「この大学を選んだのは、若い学生と同じように学べるから。シニア向け講座のようなものでなく、大学生としてフルに学べる大学というのは他にはなかったから。シニア向け講座のようなものは念頭になかった。学ぶなら本格的に基礎からすべてを学ぶべきだと思った。ある程度厳しくないと怠けてしまうかもしれないと思った」

「高度成長期真っただ中、大学に行きたいとは思っていたが、経済的な事情から諦め、会社に就職した。最終的には管理職になったが、しかしあの時大学に行っていれば、という思いはずっと消えなかった。定年が近くなってきたころ、妻がネットでこの大学のことを見つけてくれた。2年後、定年を待って受験。合格し、退職と同時に入学した」

こうしてみると「学び直し」の行動を起こすために三つの重要な要素がありそ

うです。

一つ目は、「お金」。収入も限られているので、「奨学金」とか「助成金」は必要な要素です。二つ目は、「家族」の支援。妻や子供の勧めで「学び直し」を始めた人が多いことに気づかされました。定年を機に「熟年離婚」という話も聞きますが、「学び直し」を支援してくれている家庭にその心配は無縁のように思います。最後は、やはり自分自身の強い思いです。「学び直し」を始めた人は、自分の人生を振り返り、若い頃にできなかったことを今この時期にやり遂げようという真摯な思いが強いことがわかります。

学びのチャンスが増えれば、日本もＯＥＣＤの平均並みに、学び直しをする人が増えるはずです。

## 役職定年を迎えても能力は向上する

中高年の大きな不安は、自身の能力の衰えでしょう。学び直すどころか、これまでできていたことすら、できなくなってきます。しかし、中高年になってからでも伸びる能力はあります。それを実証する研究をいくつか紹介しましょう。

まずはジョージ・ワシントン大学医学者のジーン・コーエン氏。過去35年間に3000人以上の中高年の診断を元に、後半生の心理的発達段階が次の四つに分かれることを提唱しました。

1番目は「再評価段階」です。通常は、40代前半から50代後半に訪れるこの段階に、いつかは自分も死ぬという事実と初めて向き合います。また「再評価・探求・移行」が行動上の特徴で、探求心や危機感に駆り立てられて計画を立てたり、行動を起こしたりする傾向が見られます。

2番目は、「解放段階」。おおむね50代半ばから70代半ばに訪れます。この段階は「今やるしかない」という意識を持つことが多くなります。これが、新たに「内なる解放感」を呼び起こします。また「解放・実験・革新」が行動上の特徴で、自分の要求に従い、自分の思いや個人の自由意識から計画を立てたり、行動を起こしたりする傾向が見られます。

3番目は、「まとめ段階」。おおむね60代後半から90代に訪れます。この段階には自分の知恵をみんなと共有しようとする傾向があります。また「総括・決意・貢献」が行動上の特徴であり、人生を振り返り総括をする中で、人生の意味を見つけたいという欲求から計画を立てたり、行動を起こしたりすることが見られます。

4番目は、「アンコール段階」と呼ばれるものです。おおむね70代後半から人生の最後までに訪れます。この段階には、「継続・回想・祝福」が行動上の特徴となります。人生の大きなテーマについて、語りたい、主張したいという思いやそのテーマの変奏曲のように新たな人生を探求したいという思いから、計画を立てたり、行動を起こしたりする傾向が見られます。

一方、神経科学の世界では、脳細胞の再成長はありえず、脳は新しい細胞を生成しないと言われてきました。確かに大脳の神経細胞は年とともに一定ペースで減少します。しかし、近年の研究により、脳でも新たに神経細胞が生成することがわかってきました。

たとえば、ロンドンのタクシー運転手の脳のうち、ベテラン運転手ほど「海馬」と呼ばれる部分の後方右側が肥大していることがわかりました。海馬は脳の内側にある神経細胞が集まったところで、情報処理・学習・記憶形成をつかさどる重要な部分です。それが肥大しているということはそこの神経細胞が増えたことを意味します。

研究によれば、運転歴30年の運転手では、海馬が他の人に比べて3％肥大していたといいます。この3％の肥大とは、神経細胞の数では20％の増大を意味します。長年にわたってロンドンの入り組んだ街中をうまく通り抜ける経験を重ねた結果、運転手の海馬は訓練され、変化していったのです。

これと同様の結果が、音楽家を対象とした研究でも得られているそうです。安心してください。みなさんの海馬はまだまだ成長するのです。

## 2枚目の名刺を持つというライフプラン

「2枚目の名刺」とは、副業・兼業・パラレルキャリア、セカンドキャリアなどいろんな呼び名がありますが、本業以外にもう一つ自分の役割を持つことです。

終身雇用が崩壊したと言われているように、実際に年代別の終身雇用者の割合を見ると、50代で約7割は転職を経験し、女性では約9割が転職を経験していいます。人生100年時代を迎え、70歳まで働く世の中になると大学を出てから約50年。55歳で役職定年を迎えたとしても、まだ15年もあります。

その長い時間を一つの会社に依存するのは、もはや現実的でない選択肢ということになります。転職、あるいはキャリアチェンジをする機会が必ず来ることになり、この「2枚目の名刺」は予行演習として極めて有用になります。

たとえば、本業でのキャリアアップ並びに将来のキャリアアップを考えている50代の女性、SNさん。

「2015年から東大のまちづくり大学院に入りました。社会人向け大学院です。選んだ理由は、今の仕事を、さらに深めたいから。そこで人脈が広がることも期待しています。そこは2年制ですが、働いている人には長期という4年間かけて卒業する制度もあります。私は3年でようやく修士論文を出し、まもなく修了するというところです」

自分の仕事で実現したいことはこれだという「内なる声」を、キャリア・アンカーといいます。この女性のキャリア・アンカーは「街づくりの専門家」です。

キャリア・アンカーとはエドガー・H・シャインが開発した概念です。意味としては文字通り「長期的な仕事生活においてよりどころとなる、船でいえば錨に当たるようなもの」。定義としては①才能と能力、②動機と欲求、③意味と価値という三つの自己イメージが重なったもので、これがキャリアの決定と選択に対して推進と抑制の力となります。

具体的に言うとキャリア・アンカーは、「何が得意であるか」「人生で何を望むか／仕事では何を実現したいか」「何をやっている時が一番充実しているか」という三つの問いに答えることによって、見えてきます。

この女性は、自身のキャリア・アンカーが形成され、キャリア発達の方向性を決めています。具体的なジョブマッチングの有効性が担保されれば、「天職感」を感じる状態まで行く可能性もあると思いました。

一方、現在勤務している会社より、会社の外で新たな仕事にチャレンジしたいと考えている、30代半ばの男性、ＡＪさんからは、次のような話をうかがいました。

「もうすぐ転職しようかと思っています。パラレルキャリアをやってみて、本業とのずれを感じるようになったからです。そもそもは本業のキャリアをもっと面白くするっていうことをやってきたつもりですが、やってみると、本業のスピード感の遅さが気になってきました。たとえば僕は今スタートアップで副業をしていますが、意思決定は一瞬。しかし、本業はイライラするほど遅い。こんなギャップがあるので、飛び出そうとかなり悩んでいます」

この男性は、「2枚目の名刺」がきっかけで自分の本当にやりたいことは何かを考え始めました。初めは本業を中心に考えていたのですが、やがて副業の意思決定の速さに対して、魅力を感じ始めます。そして「かなり悩んだ」と言っていましたが、今この瞬間が重要だと思います。彼のキャリアの「節目」を自分でデザインしようとしているからです。そのきっかけを「2枚目の名刺」がつくったのです。

どのようにして今が「節目」だと気がつくのでしょうか。その手掛かりとして次の4点があると思います。

まず、一つ目に、そもそも何らかの「危機感」がないと「節目」と意識されることがありません。これは、自身が「このままでいいのか」という焦燥感であり、キャリアのどん詰まり感ともいえます。

二つ目として、「メンターの声」があります。自分では「節目」だとは気がつかない時に、その種の節目を先にくぐってきた先輩、上司、身内などの声がそれに気づかせてくれる場合もあります。メンターの役割は、キャリアの「節目」でチャンスを与えたり、相談に乗ったり、情報を与えたり、応援したり、手本や見本として振る舞ってくれることもあります。

三つ目としては、「ゆとりや楽しさを感じている時」です。自分がやっていることがあまりにも楽しい時、はまっている時、いやだいやだと言って始めたことであるのに、それがうまくいっているのにふと気づいた時が、一つの契機です。

四つ目としては、「カレンダーや年齢的な目印」です。昇進、昇格、異動、役職定年や定年もここに当てはまるかもしれません。こうした仕事上の明確な節目を区切るイベントも含まれます。

この男性が感じた「節目」は、一つの目の「危機感」に当てはまると思います。また、役職定年の人の場合は、この「節目」が二つ、あるいは三つ当てはまる人もいるでしょう。人生の大きな「節目」であることには間違いないと思います。「2枚目の名刺」がなければ、今の会社に何の疑問を持つことなく居続けたでしょう。それが彼にとって幸福だったかどうか比較ができませんが、大事なことは自分で行動して、自分のキャリアを自分でデザインするということだと思います。

## 企業は「2枚目の名刺」をどう考えているか

一方で「2枚目の名刺」について、企業はどう考えているのでしょうか。現状では、大半の企業は就業規則で副業を禁止、あるいは許可制にしています。2枚目の名刺を持つことは認めないという姿勢です。

その理由は本業に集中してもらいたいから。「2枚目の名刺での活動に夢中になって寝不足に陥り、本業がおろそかになる」「本業の時間中に、隠れて2枚目の名刺の活動をする」……。こんな事態に陥っては困るというわけです。

こうした企業の思いとは裏腹に、インターネットの発展とともに、2枚目の名刺を持ちやすい状況が生まれています。これまで副業が何度となくブームとして盛り上がりました。企業にとっては、それがある種の危機と映ったのでしょう。副業を禁止する傾向が強まったようです。たとえば、労働政策研究報告書NO・41『雇用者の副業に関する調査研究』では1995年と2004年の状況を比較しています。

それによれば、「副業を禁止していない」と答えた企業は2ポイント減少し、「副業を禁止している」と答えた企業は11・8ポイント増加したそうです。そうした企業の考え方は現在でも変わっていないようです。リクルートキャリアが2

017年に発表した『兼業・副業に対する企業の意識調査』では、8割近くの企業が、兼業・副業を禁止しているという結果がでました。

その一方で、2枚目の名刺を積極的に認める企業もでてきました。日本労働研究雑誌の『特集●兼業・副業』の『複業』の実態と起業が認めるようになった背景」(萩原牧子、戸田淳仁)によれば、2枚目の名刺を認めている企業には、共通して次のような五つの大きなメリットがあったそうです。それは、「人材育成」「人材求心力」「柔軟な組織体制」「生産性向上」「ビジネスの情報と人脈」の五つです。

まずは一つ目の「人材育成」。2枚目の名刺を持つことで、様々な仕事、組織、価値観を体験できます。時には、自分の会社とはまったく違う環境に戸惑うこともあるでしょう。しかし、結果として、柔軟な考え方が身につくはずです。2枚目の名刺を容認している企業は、それを一種の武者修行と捉えているのかもしれません。

オンラインショッピング事業や専門家マッチング事業などを手掛けるエンファクトリーでは、こうしたメリットを知り尽くしているためか、創業以来、一般企業とは逆に「専業禁止」という人材ポリシーを掲げ、ホームページでは、ユニークな２枚目の名刺を持つ社員を紹介しています。

２つ目の「人材求心力」、定着率の向上です。現在は転職や起業が容易な時代です。優秀な人材であればあるほどチャレンジ精神が旺盛だし引く手あまた。一社で束縛するのは難しくなっています。そこで「２枚目の名刺」なのです。仮に、やりたいことができても、本業を続けたままチャレンジできるのであれば、相当数の人が離職を踏みとどまるでしょう。また、多様な働き方を認めれば、起業家マインドを持った人材や高いスキルを持った人材の応募も期待できます。

たとえばソフトウェア会社のサイボウズは、定着率をあげるために「１００人いたら１００通りの人事施策」を掲げています。「所得の増大」「働く時間の自由度」「働く場所の自由度」……。何を目的に働きたいのか、どんな職場が働きやすいのか、どんな時にモチベーションが上がるのかは人によって違うからです。このような個人のライフスタイルを尊重する働き方の一つとして副業も認めているわけです。結果として離職率が大きく低下したといいます。

そして三つ目が「柔軟な組織体制」です。安定したサラリーマン生活が長いと、いつのまにか「給料日に給料がもらえるのは当たり前」といった考え方が染みついてしまいます。オフィスの賃貸料など経費も含めて、自分は給与分以上に働いているのだろうかなどと、いちいち計算する人など、まずいないでしょう。

しかし、2枚目の名刺を持ち、たとえば自営に挑戦すれば、毎月、一定額の所得を得ることがどれだけ大変なことか分かるでしょう。また、コストがどれだけかかっているのか、利益はどれだけ薄いのかといったことも認識できるようになります。多くの社員がこうした経験をつめば、稼げる人間になろうと意識が変化していくはずです。

会社に依存する社員が減り、自分で稼げる、いいかえれば、どこにいっても通用する自立的な社員が増えれば、時代に合わなくなった部署を、雇用確保の観点からいつまでも温存する必要はなくなり、時代の変化に合わせた柔軟な組織体制にすることができます。いいかえれば、強い会社になれるわけです。

四つ目は「生産性向上」。1日は誰にとっても24時間しかありません。一つの仕事でも大変なのに、2枚目、3枚目の名刺を持とうとすれば、しっかりした時間管理が必要です。忙しくなれば、仕事の質が落ちると心配する人もいるかもしれませんが、それは逆かもしれません。実際、よく「仕事は、忙しい人に頼め」と言われます。

それは、忙しい人は、時間管理が上手で、生産性が高いことを意味しているからです。それに対して暇な人は、気が散る暇もあるので、ついぐずぐずしてしまいます。あげくのはてに締め切りに遅れたりすることは、よくある話です。

多くの社員が2枚目の名刺を持てば、だらだら残業も無くなり、会社全体の生産性はぐっと向上していくことが期待できます。

そして、五つ目は「ビジネスの情報と人脈」です。2枚目の名刺を持てば、これまでとは異なる業界で働いたり、異なる仕事を手掛けることになります。当然、そこで出会う人間は、これまでとは異なる業界、業種、職種の人たちです。

現在は、変化が激しく、たとえばＩＴ企業が自動車産業に進出してくるなど、業界や業種の垣根がなくなりつつあります。それぞれの社員が2枚目の名刺をもって、活動領域を広げていけば、思わぬ業界から有益な情報が入ってきたり、人脈が広がって思わぬビジネスチャンスが生まれたりすることが期待できます。

大半の企業は、2枚目の名刺を持たせれば、前述したように本業に専念しなくなるなど、様々なデメリットを想定しています。実際、そうした社員も少なからずいるでしょう。しかし、2枚目の名刺を許容した企業は、デメリットを上回るメリットを享受しているといえるでしょう。

また、2枚目の名刺を認める会社が増えていけば、2枚目の名刺の雇い主として他社の社員を活かすことも上手になるはずです。そのノウハウが蓄積されていけば、仮に優秀な社員が他社に転職したり、独立しても、2枚目の名刺の社員として引き留めることも可能になるかもしれません。

このように、2枚目の名刺を認めることで、人材が育つし、また他社の人材の使い方もうまくなるわけです。それを認めている会社の中には、大成長を遂げているところもあります。2枚目の名刺は、使い方次第で成長の大きなバネになるわけです。

## 役職定年には、会社に依存せず自律的なライフプランを

本章で説明してきたように、役職定年が近づいてきたら、①人生を野球のスコアボードに見立ててトータルで考える、②マネープランだけでなく、何がしたいのかというライフプランも考える、③計画を立て必要なスキル（新しいスキルは「学び直し」）を習得する、④「2枚目の名刺」で人脈をつくり、経験値を増やし

て行動する、べきですが、そんなに簡単にはいかないかもしれません。

最後にもう一つ大切な要素があると思います。それは「身体（感情）」です。私たちは一般に「心」と「身体」について「心」が司令塔であり「身体」はその命令を受けて実行する器官だというイメージで考えがちです。しかし、この「心」が主役で、「身体」が従であるという関係は、どうもそれほど単純ではないということが研究からわかりつつあります。そうした研究の一つが、アントニオ・ダマシオ氏の唱えた「ソマティック・マーカー仮説」です。

この説によれば、情報に接触することで呼び起こされる感情や身体的反応（汗が出る・心臓がどきどきする・口が渇くなど）が、脳の前頭葉内部に影響を与えることで、目の前の情報について「良い」あるいは「悪い」の判断を助け、意思決定の効率を高めます。この仮説に従えば、これまで言われていた「意思決定はなるべく感情を排して理性的に行うべきだ」という常識は誤りで、意思決定においてむしろ感情は積極的に取り入れるべきだということになります。

この仮説が示唆していることは、役職定年を迎えるにあたって、あなたは「心」も「身体（感情）」も含めてトータルでどう考えているのか、ということです。自分自身に今一度問いかけてみてください。

そして、その問いかけに「心」と「身体（感情）」が一致した時は行動すべきタイミングだということです。

## 定年名人「伊能忠敬」のライフプラン

役職定年や定年を迎えるにあたってモデルにしたいのは、日本で初めて実測による日本全図の作成という偉業を成し遂げた「伊能忠敬」です。伊能忠敬が50歳を過ぎてゼロから自分の夢にチャレンジして、見事に日本地図を作り上げた人物です。最近の日本社会の高齢化とともに、何度となく伊能忠敬ブームが起こるのも頷けます。

伊能忠敬が生まれ育ったのは18世紀後半。イギリスで産業革命が起きて、フランス革命・アメリカ独立戦争のあった頃です。激動の波は、長く鎖国を続けていた日本にもじわじわと変化をもたらしました。こんな時代に伊能忠敬は生を受け、日本初の全国精密地図を作り上げるという偉業を成し遂げたのです。

伊能忠敬が測量技術に目覚めたのは、30代半ばの奥州旅行以降のことだと言われています。伊能忠敬は、それ以後独学も含めて勉強を継続しながら、45歳で一度隠居届を出しますが受理されず、許されたのは49歳の時でした。その後、彼は江戸へ出て自分より19歳年下の天文学者高橋至時に弟子入りし、測量を本格的に学びます。

そして、55歳の時に満を持して、全国測量を開始します。それから約15年、71歳の時に全国測量を無事完了して、「大日本沿海輿地全図」の作成に取りかかり、業半ばにして73歳で亡くなります。明治維新の約50年前のことです。没後3年、弟子たちの手で、念願の「大日本沿海輿地全図」は無事完成します。

伊能忠敬の生き方には、いろんなヒントがあります。もちろん、自律的な精神に富んだ人間として考えることができます。また、今日のような高齢化社会の中で、生涯現役として生きたモデルとして、彼を捉えることができるでしょう。

また、現代は情報化社会です。インターネットの発達によって、全世界の情報が瞬時に共有される時代です。そして早い技術革新、情報化の中でいかに対応していくかも重要なポイントになってきます。

ここでも、伊能忠敬の生き方は参考になるでしょう。伊能忠敬は50歳になってから、当時最先端の西洋の学問である暦学・数学・測量学・天文学に挑戦したのです。当時の常識から考えれば洋学などは、ほとんど誰も手を付けていなかったような分野といっていいでしょう。結果として、伊能忠敬は大事業を成し遂げたのです。現代に生きる私たちにとって、伊能忠敬の生涯はまさに最適なモデルになると思います。

## 映画『マイ・インターン』は理想的な生き方

かつて年長者が尊敬されたのは、物事をよく知っていたからです。しかし、技術進歩が早い時代は違います。これまでの常識、やり方がどんどん変わっていくので、むしろ昔の常識は邪魔です。それに対して若者は、しがらみがない分、新しいやり方をスポンジのようにどんどん吸収していきます。加えてインターネットをはじめ、技術や知識を蓄積していく武器はますます強力になっていきます。結果として、若者の方が物知りになってしまうわけです。

そうなると年長者は会社で小さくなっているしかありません。そんな風潮に一石を投じ、年長者と若者の理想的な共存の姿を描いたのがアメリカの映画『マイ・インターン』です。

成長期のベンチャーに採用された70歳のシニアインターンが、若い女性CEOや同僚の若者に影響を与えていく姿を描いていきます。この作品では、ダイバーシティ（多様性）＆インクルージョン（包括）＝D＆Iの効用や問題がリアルに表現されています。

主たるテーマはもちろん年齢のD＆Iです。主人公のベンは定年退職後、旅行や趣味に次々手を付けますが、ちっとも満足できません。社会とのかかわり、「自分は誰かに必要とされている」という自己効力感を持ち続けることは年齢にかかわらず大切なこと。これに気づいたベンは行動を起こします。

私たちはこの冒険のシークエンスでシニア側の〝働く動機〟を理解することができます。入社後のベンの行動や振る舞いは、シニアにとってお手本となるものです。「新人のベン・ウィテカーです」と謙虚に挨拶をし、言われたことは〝できる・できない〟の前にまずやろうとする意思を示すことです。周囲よりはるかに年上だからといって、彼は決して偉そうにはしません。

一方で、すべてを若者に合わせるのではなく、服装はスーツ。そこは自分のスタイルを通します。また、組織によって培われた人間関係形成力を生かして、ベンチャー特有のぎこちないコミュニケーションの潤滑油になります。

仕事や家庭生活に悩むCEOのジュールズに対して、ベンは聞き役に徹し（＝カウンセリング）、最後に重要な決断をする彼女の背中を押します（＝コーチング）。世の中の管理職が研修で必死に学んでいることを、シニアの経験を活かして自然に実践しているのです。

また、ITに不慣れなベンが残業してまで「フェイスブック（Facebook）」の登録に取り組んでいるのをジュールズが手伝ってあげるシーンも象徴的です。ベンの学ぼうとする姿勢がジュールズとの距離を縮めるきっかけになりました。

このベンのインターンの成功は、仕事における周囲との関係性の良好さのみに起因するものではありません。私がこの映画でもっとも印象に残ったのは、ベンが会社所属の女性マッサージ師に席で腰を揉まれるシーンです。恋に落ちていくベンはまさに〝現役〟。それを、同僚の若者も「やるじゃん」という表現で見守るのです。

つまり、シニアだって仕事もバリバリやるし、新しいことに挑戦する、知らないことは学ぼうとする、そして恋もします。そこに若者との違いなどありません。そういったすべてをひっくるめてベンという個人を受け入れたからこそ、彼らは年齢のギャップを超えられたのです。

ここで共有されている考え方は、〝エイジフリー〟。この点に関しては、日本とアメリカの風土の違いが大きいと言わざるを得ません。「年相応」「年甲斐もなく」という言葉が当たり前に使われているように、日本では年齢の枠に当てはめて人を評価しがちです。これをどう変えていくのか。

まずは、社内にD＆Iを発信する人事担当者自身が一人の人として、「年相応」「年甲斐もなく」という考え方を捨ててみましょう。そこから組織の風土は変わっていきますし、何より人生が楽しくなります。

# おわりに

現在、働き方改革が急ピッチで進んでいます。2019年4月からは、いよいよ働き方改革関連法が順次施行されます。働き方改革のポイントは、次の二つです。

一つ目は労働時間の見直し。働き過ぎを防いだり、ワークライフバランスを図ったり、多様な働き方を実現したりすることなどが目的です。具体的には、残業時間の上限規制、勤務間インターバル制度の導入、1年あたり5日間以上の年次有給休暇の取得義務付けをはじめとした労働時間法制の見直しが行われます。

二つ目は雇用形態による差別の禁止。正社員、パートタイム、派遣労働者など、雇用形態が違っても、同じ仕事をしていれば、基本給や賞与も同じにしなければいけません。

働き方改革を実現することで、誰でも自分の事情に応じて柔軟に働き方を選択できるようになります。働くベースがしっかりすることで、一億総活躍社会が実現できるというわけですが、実は、働き方改革には、裏コンセプトがあります。政府も言っていますが、それはリカレント教育の普及です。

どうして働き方改革によって、リカレント教育が可能になるのでしょうか。それは、無駄に会社で過ごす時間がなくなるからです。無駄の代表は、つきあい残業。課長が残っているから、帰りにくい……。部長や課長に気をつかい、急ぎもしない仕事をやりながら、課長が帰り支度をするのをひたすら待つ。多かれ少なかれ、多くの会社に、こんな雰囲気は残っているのではないでしょうか。また、終業時間の間際に電話をしてきて用事を頼んでくる困ったお客さんは、どの会社にもいるでしょう。

しかし、働き方改革によって、次第に残業自体が難しくなりました。まず、残業時間の上限が法律で厳しく定められるようになりました。パソコンのスイッチと勤怠管理システムを連動させている企業も増えたので、そもそもサービス残業ができません。また、残業代や休日出勤手当は高額になったので、つきあい残業どころか、そもそも残業の許可が下りにくくなってきました。だから、上司が仕事で残っていても、大手を振って帰れるわけです。それどころか、ぐずぐずしていると、上司から「早く帰りなさい」と言われることが、ごく普通の光景になりました。

無駄な残業がなくなったり、有休をきちんと取るなどして、浮いた時間をリカレント教育に費やすことを、政府は期待しているわけです。

このような流れを積極的に支援する企業も現れました。たとえば、ソフトバンク。全社員に対して、自己開発投資のために、月1万円支給しています。それは、「働き方改革によって時間が浮いたので、その時間を、この1万円を使って、自らを高めるために使ってください」というメッセージだといえるでしょう。

いったん学ぶ癖がついてくると、今度は、より広義で密度の高い学びが欲しくなってくるものです。そうするとゆくゆくは大学院に行くといったことが当たり前になっていくでしょう。また、正社員でもパートタイマーでも待遇が同じになれば、学びが忙しくなったら、正社員から時間の融通がききやすいパートタイム社員に身分を変更するといった機動的な対応が可能になるかもしれません。大学院やビジネススクールなどは、もっと身近な存在になりそうです。

素晴らしい時代がやってきそうです。しかし、残念ながら役職定年対象者はすでに50代。仮に55歳だとしても、60歳まであと5年。恩恵を受けられる期間はわずかです。

最も恩恵を受けるのは若手社員からミドル社員です。20代、30代から、常に自分の能力を客観視し、それに応じた人生計画をたてる訓練を積んでいけば、50代、60代になるころには自分の能力のその後の生かし方がわかるはずです。

そんな時代がやってきたら何が起こるかといえば、本当の意味での定年制廃止が現実味を帯びてくるということです。

リカレント教育が普及していけば、これまで述べてきたように、誰でも自分で自分の辞め時を決められるようになるし、仮に解雇されてもちゃんと次の手立てを用意できるようになるでしょう。そうなれば、そもそも会社にしがみつくという発想はなくなります。だから、定年制は不要になるわけです。

それに対して、これまでは仕事が忙しい上に、仕事以外での会社の拘束時間が長かったので、リカレント教育の機会は乏しく、いつまでも古い知識と経験のまま働き続けることになりました。

次第に知識も経験も時代遅れになり、やがてビジネスマンとして役立たなくなるといった道をたどるので、「定年制」によって強制的に退職してもらわざるを得ませんでした。ある意味、不幸な制度です。

このような制度を撤廃したり、自分の人生は自分で決めるという考え方を定着させる呼び水として、働き方改革というのはとても意味のあることだと思います。

もちろん浮いた時間は、勉強以外にも使うべきです。たとえば、家族との時間に使ってもいいでしょう。それによって充実感を味わえるし、家庭の充実感を知っているからこその発想も出てくるはずです。

時には飲み会もいいでしょう。親しい仲間との飲み会でも、やり方次第では、刺激を受けたり、情報源になります。同窓会などに出席する時は、「最近、どうよ？」と他の出席者に質問してみてください。

すると、はやりのスポーツ、面白い本、介護事情、シニアの就職、婚活をはじめ、仕事のヒントになりそうな情報がたくさん入ってきます。普通に参加をしていれば、健康談義や思い出話に終始しがちですが、このようなちょっとした工夫で、そこは情報収集の場、学び直しの場に変わります。

一方で、働き方改革に対する反対意見としてよく出る「働き方改革で時間が空くと、空いた時間にアルバイトをしてしまうのではないか」といったものがあります。新しい仕事の適性を見るためなら、それもいいでしょう。しかし、単なる小遣い稼ぎならお勧めしません。現在は、常に5年後、10年後を見据えて、知識や経験をブラッシュアップさせることが求められる時代です。

それを怠れば、たちまち置いていかれる厳しい時代だからです。アルバイトをする時間があれば、その時間を学び直しに費やしたいものです。

前述したように、役職定年者にとって働き方改革の恩恵はそれほどありませんが、それをきっかけに「時間」の大切さはぜひ意識してください。なにしろ政府は、リカレント教育に費やす時間を確保するために、これだけ大掛かりな改革を行ったのですから。

若者ですら、常に知識や経験のブラッシュアップに取り組まざるを得ない時代。まして役職定年世代の55歳前後の人たちは本格的なブラッシュアップが必要なのは納得でしょう。幸い、最近はシニアのためのリカレント教育の場も増えてきましたし、SNSをはじめ情報交換の場もあります。

まだまだ体力が残っている50代。再び学ぶことによって、就職できる60歳になることは十分に可能です。すべてを年齢で分けていく「定年時代」から定年も役職定年もない日本に向かっていく劇的な時代です。そうした流れをつくっていく一員として、活躍できるよう、この時間を有効に過ごしていただきたいなと思います。

野田稔

# 参考文献

## ○書籍

『あなたは、今の仕事をするためだけに生まれてきたのですか―48歳からはじめるセカンドキャリア読本』伊藤真／野田稔（著）、日本経済新聞出版社、２０１６年6月

『定年後―50歳からの生き方、終わり方』楠木新（著）、中公新書、２０１７年7月

『定年後不安　人生１００年時代の生き方』大杉潤（著）、角川新書、２０１８年4月

## ○報告書・レポート・論文

「ホワイトカラー高齢社員の活躍をめぐる現状・課題と取組み」一般社団法人 日本経済団体連合会、２０１６年5月17日　http://www.keidanren.or.jp/policy/2016/037.html

「欧米諸国における年齢差別禁止と日本への示唆」みずほ研究所　大嶋寧子、みずほリサーチ　june　2007
https://www.mizuho-ri.co.jp/publication/research/pdf/research/r070601management.pdf

「我が国産業における人材力強化に向けた研究会」（人材力研究会）報告書　平成30年3月、経済産業省、中小企業庁
http://www.meti.go.jp/report/whitepaper/data/pdf/20180319001_1.pdf

「定年後」に関する定量調査　結果報告書　定年後研究所
https://kyodonewsprwire.jp/release/201811130308

50代・60代の働き方に関する意識と実態　明治安田生活福祉研究所　２０１８年６月26日
https://www.myilw.co.jp/research/report/pdf/myilw_report_2018_02.pdf

高齢社員の人事管理と展望―生涯現役に向けた人事戦略と雇用管理の研究委員会報告書―（平成27年度）独立行政法人高齢・障害・求職者雇用支援機構
http://www.jeed.or.jp/elderly/research/report/elderly/copy_of_enqueteh26.html

「『複業』の実態と企業が認めるようになった背景」萩原　牧子・戸田　淳仁（リクルートワークス研究所主任研究員）、日本労働研究雑誌　２０１６年11月号「特集●兼業・副業」（No.676）

●著者プロフィール

野田稔（のだ・みのる）

明治大学大学院グローバル・ビジネス研究科教授。リクルートワークス研究所特任研究顧問。1957年東京都生まれ。一橋大学商学部卒業後、野村総合研究所入社、92年経営戦略コンサルティング室長、2000年同経営コンサルティング一部部長、01年退社。多摩大学経営情報学部教授、リクルート新規事業担当フェローを経て、08年から現職。13年9月一般社団法人人材学舎を設立、ビジネスパーソンの能力発揮支援に取り組む。TOKYO MX『モーニングCROSS』に出演するほか、『ダイヤモンド・オンライン』にて「定年前5年の過ごし方～第二の人生で後悔しないために」を連載中。

河村佳朗（かわむら・よしろう）

1963年生まれ。情報通信系上場会社の人事部門管理職。通信販売大手「ショップジャパン」執行役員を経て現職。明治大学専門職大学院（MBA）修了。社会保険労務士、資格保有。プライベートでは、定時で帰宅したあと、東京マラソンに向けてトレーニングしている。

竹内三保子（たけうち・みほこ）

編集プロダクション・カデナクリエイト代表。1960年東京生まれ。明治学院大学経済学部卒業後、西武百貨店入社。紳士服飾部、特別顧客チームなどを経て、経済評論家の故・竹内宏のアシスタント。その後フリーライター。流通業で培った顧客視点で執筆を行っている。共著に『課長・部長のための労務管理 問題解決の基本(マイナビ出版)』などがある。現在、東洋経済オンラインで『若手社員のための「社会人入門」』連載中。

マイナビ新書

役職定年

2018年12月31日　初版第1刷発行

監修者　野田稔
著　者　河村佳朗／竹内三保子
発行者　滝口直樹
発行所　株式会社マイナビ出版
〒101-0003　東京都千代田区一ツ橋2-6-3　一ツ橋ビル2F
TEL 0480-38-6872（注文専用ダイヤル）
TEL 03-3556-2731（販売部）
TEL 03-3556-2735（編集部）
E-Mail pc-books@mynavi.jp（質問用）
URL http://book.mynavi.jp/

装幀　小口翔平＋山之口正和（tobufune）
DTP　富宗治
印刷・製本　図書印刷株式会社

　ISBN978-4-8399-6782-6

Printed in Japan